A SÍNDROME DO IMPOSTOR

Dados Internacionais de Catalogação na Publicação (CIP)
(Câmara Brasileira do Livro, SP, Brasil)

Mann, Sandi
   A Síndrome do Impostor : como entender e superar essa insegurança / Sandi Mann ; tradução Marcus Penchel. – 1. ed. – Petrópolis, RJ : Editora Vozes, 2021.

   Título original: Why do I Feel Like an Imposter?
   ISBN 978-65-5713-154-1

   1. Autoconfiança 2. Autoconhecimento 3. Comportamento (Psicologia) 4. Insegurança I. Título.

21-60702   CDD-155.24

Índices para catálogo sistemático:
1. Insegurança : Psicologia individual   155.24

Aline Graziele Benitez – Bibliotecária – CRB-1/3129

A SÍNDROME DO IMPOSTOR

COMO ENTENDER E SUPERAR ESSA INSEGURANÇA

Sandi Mann

Tradução de Marcus Penchel

— VOZES —
NOBILIS

Esta edição foi publicada pela primeira vez no Reino Unido e nos EUA em 2019 por Watkins, um selo da Watkins Media Limited.
Unit 11, Shepperton House 89-93 Shepperton Road London NI 3DF
Capa e tipografia © Watkins Media Limited 2019
Texto © Dr Sandi Mann

Tradução realizada a partir do original em inglês intitulado *Why do I Feel Like an Imposter? How to Understand and Cope with Imposter Syndrome*

Direitos de publicação em língua portuguesa – Brasil
2021, Editora Vozes Ltda.
Rua Frei Luís, 100
25689-900 Petrópolis, RJ
www.vozes.com.br
Brasil

Todos os direitos reservados. Nenhuma parte desta obra poderá ser reproduzida ou transmitida por qualquer forma e/ou quaisquer meios (eletrônico ou mecânico, incluindo fotocópia e gravação) ou arquivada em qualquer sistema ou banco de dados sem permissão escrita da editora.

CONSELHO EDITORIAL
Diretor
Gilberto Gonçalves Garcia

Editores
Aline dos Santos Carneiro
Edrian Josué Pasini
Marilac Loraine Oleniki
Welder Lancieri Marchini

Conselheiros
Francisco Morás
Ludovico Garmus
Teobaldo Heidemann
Volney J. Berkenbrock

Secretário executivo
João Batista Kreuch

Editoração: Maria da Conceição B. de Sousa
Diagramação: Sheilandre Desenv. Gráfico
Revisão gráfica: Nilton Braz da Rocha
Capa: Renan Rivero

ISBN 978-65-5713-154-1 (Brasil)
ISBN 978-1-78678-218-2 (Reino Unido)

Editado conforme o novo acordo ortográfico.

Este livro foi composto e impresso pela Editora Vozes Ltda.

SUMÁRIO

Introdução, 7

1 O que é Síndrome do Impostor (SI)?, 11

2 Por que tantos de nós se tornam impostores – O papel da sociedade, 53

3 Trabalho feminino – O surgimento da SI, 71

4 Homens impostores – A vergonha secreta, 91

5 O impostor social – Impostores fora do trabalho, 125

6 Pais impostores – A pressão para ser um pai ou mãe perfeitos, 147

7 O adolescente/estudante impostor – O impacto das pressões escolares e sociais, 167

8 Resumo, 185

INTRODUÇÃO

Síndrome do Impostor: alguém acredita ser uma fraude, que está fingindo algo que não é, que não é tão bom ou tão boa quanto os outros pensam. Quando vi o conceito pela primeira vez, na pós-graduação em Psicologia, achei que tinham desvendado meus pensamentos secretos, pois me descrevia tão bem! Mas aí transpirou que a maioria dos colegas tinha chegado à mesma conclusão e achava que o conceito tinha sido criado especialmente para eles, da mesma forma que a maioria das pessoas do meu círculo social. Estaríamos todos sofrendo da Síndrome do Impostor? Provavelmente, parece que sim – ou pelo menos 70% de nós podiam estar, segundo a pesquisa[1]. Foi um momento irônico de autoconhecimento no meu caminho contínuo de autodescoberta, mas depois, na verdade, só de vez em quando prestei uma atenção passageira ao conceito, à medida que construía ao longo dos anos a minha carreira de psicóloga.

Duas décadas adiante, porém, e a Síndrome do Impostor (SI) tornou-se muito mais significativa para mim, porque começara a aparecer mais e mais em minha clínica particular sob esse ou aquele disfarce. Pessoas aparentemente bem-sucedidas – homens, mulheres

---

1. SAKULKU, J. (2011). "The Impostor Phenomenom" [PDF]. In: *International Journal of Behavioral Science*, 6 (1), p. 73-92.

e muitas vezes adolescentes também – têm apresentado sintomas da síndrome e estão convencidas de que são as únicas.

Parece que a SI é um fenômeno em rápido crescimento, e neste livro eu examino as variadas razões para isso; entre elas as redes de mídia social e o aumento dos exames nas escolas, para mencionar apenas duas. A síndrome já não parece também estar restrita a carreiristas ambiciosos e bem-sucedidos, como se supunha anteriormente. Uma variedade de tipos aparece na minha clínica – como a mãe que não se sente boa o bastante, o pai que não se sente "suficientemente homem", o amigo ou amiga que se acha impopular e até os religiosos que não se acham bons o bastante para o seu deus.

O primeiro passo para lidar com a SI, que pode ser muito debilitante em termos de autoconfiança e autoestima, constituindo também um perigo para o progresso na carreira, é reconhecê-la e entender o que é, aprendendo a identificar o que a desencadeia – o que pretendo explicar neste livro. Só a partir do entendimento podemos buscar as melhores estratégias para cada um – e ao longo do livro sugiro uma série de técnicas apropriadas.

A quem se destina este livro?

- A qualquer pessoa que acha que pode estar sofrendo da SI, seja no trabalho, em casa, na família ou na comunidade.
- A qualquer pessoa que acha que o cônjuge ou parceiro, um membro da família, um amigo ou uma criança está sofrendo da SI.
- A pais que querem diminuir as chances de seus filhos virem a sofrer da SI.
- A qualquer outra pessoa interessada na Síndrome do Impostor.

O que você obterá neste livro?

Com uma mescla de informações, questionários de autoavaliação e dicas e estratégias úteis para lidar com a síndrome, este livro vai ajudá-lo(a) a entender se você (ou alguém próximo) tem SI e, em caso afirmativo, o que pode fazer a respeito. O objetivo é torná-la(o) mais confiante no trabalho, em casa ou qualquer outro lugar e, acima de tudo, a perceber que não é a única pessoa a ter esse tipo de problema – e que ele pode ser administrado.

Como usar este livro

Os primeiros dois capítulos são de leitura essencial para todos, uma vez que investigam o que é a Síndrome do Impostor e por que é de ocorrência tão disseminada, explicando alguns dos diferentes subtipos. Há também dois questionários para ajudá-lo(a) a entender se está manifestando esse quadro. Os cinco capítulos seguintes examinam a SI em relação a grupos específicos de pessoas e em diferentes contextos sociais. Embora digam respeito a tais grupos, são capítulos úteis para todos os leitores. Por fim, um curto capítulo conclusivo resume o que aprendemos e dá alguma orientação sobre como usar o aprendizado de forma útil em nossas vidas.

Cada capítulo traz estudos de caso da vida real com exemplos de pessoas que enfrentaram a SI. Leia-os para ver como a síndrome opera em todos os estágios da vida – espero que isso encoraje quem sofre dessa condição a identificá-la como um primeiro passo para trocar a dúvida em si mesmo pela autoconfiança.

No final dos capítulos 3, 4, 5, 6 e 7 há dicas e estratégias para lidar com a SI e construir a autoconfiança. Algumas são específicas para os grupos abordados no respectivo capítulo, mas a maioria se aplica a qualquer um. Portanto, leia tudo para tirar o máximo proveito do livro.

1

O QUE É SÍNDROME DO IMPOSTOR (SI)?

Quando Jess entrou no meu consultório em Manchester, parecia dos pés à cabeça a mulher bem realizada. Impecavelmente arrumada, vestindo um terninho alinhado e exibindo um corte de cabelo igualmente impecável, transpirava sucesso por todos os poros. Alta executiva de uma grande empresa internacional, 42 anos, seu salário, o carro e todas as regalias eram de quem "tinha chegado lá".

Então, por que estava na minha clínica? Logo que afundou em uma confortável poltrona e começou a explicar qual era o problema, todo o seu comportamento mudou da água para o vinho. Os ombros começaram a arriar, a voz hesitou, os joelhos tremiam e os dedos se contorciam enquanto falava. Toda a pose confiante desabou diante dos meus olhos ao confessar que era tudo falso; todo o seu sucesso não passava de sorte, disse; contando que na verdade era muito ruim profissionalmente. Conseguira tapar os olhos dos chefes e dos colegas por muitos anos, mas tinha certeza de que logo descobririam a realidade sobre ela. Estava pronta para perder tudo, mas esse não era o maior problema; a grande questão é que estava lutando para conviver com o fato de ser uma "farsa" – achava que devia abandonar o emprego antes de ser exposta, para fazer alguma coisa mais adequada à sua real capacidade. O que significaria menos dinheiro e mordomias, mas pelo menos estaria sendo honesta consigo mesma.

Bem-vindos ao mundo do impostor e sua síndrome. É um mundo secreto, habitado por gente bem-sucedida de todos os setores e que têm uma coisa em comum: acreditam que na verdade não são tão bons assim. Podem ser homens ou mulheres, jovens ou velhos. Mesmo personalidades públicas de sucesso não estão imunes (cf. Impostores famosos, p. 20-22). E a crença do impostor nem sempre está relacionada ao trabalho; conheci "impostores" que não se sentem tão bons assim como pais, maridos, esposas, amigos e até como seres humanos. São variações da Síndrome do Impostor, especialmente quando não há muita evidência objetiva dando suporte à firme convicção da pessoa de ser no fundo uma fraude.

Este capítulo vai ajudar você a identificar os sintomas da Síndrome do Impostor e a entender se é afetado(a) por ela – e, caso seja, que tipo da SI provavelmente combina mais com o seu caso.

O que é, então, Síndrome do Impostor?

O conceito de "Síndrome" ou "Fenômeno do Impostor" foi criado em 1978 pelas psicólogas clínicas Pauline R. Clance e Suzanne A. Imes em um estudo intitulado "O fenômeno da impostura em mulheres de grande sucesso: dinâmica e intervenção terapêutica"[2].

O quadro foi descrito como "uma experiência interna de fraude intelectual" que afligia algumas mulheres de grande sucesso. Na

---

2. CLANCE, P. & IMES, S. (outono de 1978). "The imposter phenomenon in high achieving women: dynamics and therapeutic intervention" [PDF]. In: *Psychotherapy*: Theory, Research & Practice, 15 (3), p. 241-247.

monografia, Clance e Imes descreveram assim a sua amostragem de 150 mulheres: "[A]pesar das qualificações alcançadas, das honras acadêmicas e dos altos resultados em testes padronizados, do reconhecimento e elogios profissionais por parte de colegas e respeitadas autoridades... [elas] não têm a sensação íntima do sucesso. Consideram-se 'impostoras'". E prosseguem explicando que essas mulheres acham que só alcançaram o sucesso devido a erros nos processos de seleção ou porque alguém superestimou suas capacidades, quando não por outro fator estranho.

Clance e Imes apontam três características que definem a SI:

1) A crença de uma pessoa de que os outros têm uma opinião exagerada sobre os talentos e capacidades dela;

2) O medo de ser descoberta e desmascarada como uma farsa;

3) A persistente atribuição do próprio sucesso a fatores externos, tais como a sorte ou o trabalho extraordinariamente duro.

Quem é afetado?

Desde essa primeira incursão no mundo dos impostores, na década de 1970, as pesquisas revelaram que a condição pode afetar homens e mulheres em igual número (cf. cap. 4, p. 91). E, de fato, as criadoras do conceito assinalaram mais tarde que prefeririam chamar o quadro de "fenômeno do impostor" porque "condição" e "síndrome" sugerem doença mental, ao passo que a experiência da impostura é na verdade muito mais pedestre do que isso, muito mais comum, algo que, segundo Clance, "quase todo mundo enfrenta"[3].

---

3. ANDERSON, L.V. (2016). *Feeling Like An Impostor Is Not A Syndrome* [Disponível em https://slate.com/business/2016/04/is-impostor-syndrome-real-and-does-it-affect-women-more-than-men.html].

Com efeito, como disse na introdução, as pesquisas indicam que 70% das pessoas experimentam esse fenômeno pelo menos em algum momento da vida; embora seja mais comum entre os que alcançaram grande sucesso. A classificação da SI como "experiência" em vez de "condição" reflete-se também no campo médico; a SI não é classificada como doença ou condição mental no Manual Diagnóstico e Estatístico de Transtornos Mentais (DSM 5, na sigla em inglês), utilizado pela maior parte dos profissionais de saúde mental para identificar, classificar e diagnosticar as condições desse tipo. Isso significa que você não tem uma doença mental se estiver passando pela SI. Na verdade, tantas pessoas sofrem dessa síndrome em algum momento da vida, que ela é quase normal!

As três características da Síndrome do Impostor

Há, no entanto, certos desencadeadores que podem tornar algumas pessoas mais suscetíveis à sensação de impostura, gatilhos esses que ocorrem muitas vezes em momentos de transição. Três dos fatores mais comuns são listados aqui, cada um com um estudo de caso como ilustração.

Ao obter "qualificação" em sua área

Quer dizer, quando você obtém o primeiro diploma, a primeira qualificação profissional, um registro ou algo que signifique que agora pode legalmente trabalhar na profissão que escolheu.

> **ESTUDO DE CASO**
>
> Aisha era uma médica recém-formada que, assim que começou a trabalhar num hospital, foi assediada pela dúvida. Estava convencida de que só conseguira ingressar na Faculdade de Medicina por acaso, apesar dos exames duríssimos. Passou todos os anos de residência sentindo-se inferior aos outros estudantes que, segundo ela, pareciam muito confiantes e focados. E sua autoconfiança desabou em queda-livre assim que concluiu a graduação, pois se sentia completamente deslocada. O jaleco branco era como um símbolo da fraude que incorporava – sentia-se como uma garotinha fantasiada brincando de médica. Achava que uma coisa era estudar a teoria, outra a prática, e sua mente congelou quando teve de lidar com o primeiro paciente. Pouco adiantou não ter havido realmente um exercício rigoroso de iniciação profissional e que já a tenham deixado por conta própria, bem à vontade, depois de apenas dois dias só acompanhando a experimentada equipe médica. Podia pedir ajuda e orientação se necessário, mas a sensação era a de que não deveria fazê-lo, pois toda vez que recorria a isso sentia que estava dando sinal de sua "farsa". E o colega que ela consultava também nem sempre ficava muito satisfeito em ser acionado, o que complicava as coisas. Mas Aisha se preocupava com as mínimas coisas e tinha medo de arriscar-se a não checar. Simplesmente não tinha confiança na própria competência e capacidade, apesar de ter cursado com mérito os cinco anos puxados da Faculdade de Medicina. Estava convicta de que acabaria sendo "descoberta" e exposta como incompetente, temendo cometer algum terrível equívoco com um paciente.

Ao iniciar um novo curso ou experiência educacional

Isso pode acontecer quando um jovem, ao entrar para a faculdade, ou quando, mais madura, a pessoa faz um curso de atualização ou para mudança profissional.

> **ESTUDO DE CASO**
>
> Adam era homem feito ao se matricular na universidade aos 35 anos para estudar Jornalismo. Tinha abandonado a escola aos 16, com baixo aproveitamento. Sabia que a razão disso foi a época difícil que enfrentou e que o levara a uma certa rebeldia. Não se interessava pelos estudos e admitia sem problemas que havia abusado das drogas e do álcool, tornando-se um "cara mau". Lutava para se manter nos empregos e não tinha o apoio da família. Anos mais tarde, porém, aquietou-se e encontrou uma mulher com quem se casou. Tiveram um filho, e a esposa encorajou-o a fazer um curso para conseguir um trabalho mais seguro. Aprendeu o ofício de engessador, mas acalentava o sonho secreto de se tornar jornalista. Achava que era um sonho fútil; afinal, não tinha qualificações acadêmicas e se considerava mesmo um "estúpido". Mas, com o estímulo da esposa, frequentou a escola noturna, obteve um diploma de Ensino Médio e, de repente, o velho sonho parecia estar a seu alcance. Ficou empolgado ao ser aceito na universidade, mas logo que começou o curso de jornalismo as dúvidas o invadiram. Comparando-se aos outros estudantes, sentia-se uma farsa. Eles tinham muito mais qualificação e muitos até já haviam trabalhado na imprensa. Passou a se questionar que diabos estava fazendo ali e se não deveria desistir e se contentar mesmo em ser engessador.

Ao ser promovido(a) no trabalho

A promoção no emprego deveria ser uma coisa animadora, mas para alguns pode ser o catalisador de sentimentos de estar sendo valorizado demais, provocando o medo de que outros descobrirão ter sido imerecida.

> **ESTUDO DE CASO**
>
> James trabalhava com informática e estava muito satisfeito no emprego, encarregado da solução de problemas para os clientes de uma grande empresa. Foi então promovido a uma função de gerência, o que de início o alegrou bastante. Agora era responsável pela distribuição do serviço, estabelecendo prioridades e preços, trabalhando em contato com uma série de organizações. Começou a se sentir com excesso de responsabilidade e a ter problemas com os clientes e a sua própria equipe (funcionários que agora chefiava e antes eram seus colegas); os clientes reclamavam se o trabalho demorava a ser feito e os empregados que comandava se queixavam de ter que trabalhar demais. Na verdade, isso era inerente às suas novas funções, mas James começou a desconfiar que não era bom o bastante e que jamais deveria ter sido promovido. Antes da promoção, tudo corria bem; simplesmente fazia o seu trabalho. Agora tinha de lidar com questões de pessoal e conflitos, não se sentindo com a necessária competência nem treinamento para isso. Passou a acreditar que sua promoção fora um erro; a gerência geral deve ter pensado que ele era mais capacitado do que de fato era. Tinha certeza de que seria logo "desmascarado" como uma fraude; e isso o estressava tanto, que pensava em desistir antes que isso acontecesse.

Estilos de vida com maior risco da SI

Assim como os gatilhos que examinamos acima, há também certas categorias de pessoas mais propensas e suscetíveis à SI. Em parte isso tem a ver com os tipos de personalidade, que discutiremos mais adiante, mas há também alguns estilos de vida que levam algumas pessoas a serem mais vulneráveis do que outras. De acordo com Valerie Young, autora de *The Secret Thoughts of Successful Women: Why Capable People Suffer from the Impostor Syndrome and How to Thrive in Spite of It* (Crown Publishing, 2011*), há mais riscos para os seguintes tipos de pessoa:

• *Estudantes* muitas vezes veem os outros como mais competentes, mais maduros ou mais aplicados do que eles. Podem se sentir deslocados no *campus* da universidade, achar que não se encaixam ali – todos os demais são verdadeiros, mas eles são falsos. Pode ser especialmente o caso de estudantes maduros, em minoria no ambiente.

• *Pessoal acadêmico ou empregado em outras áreas criativas*, onde é muito comum a comparação com gente talentosa (cf. Impostores famosos, p. 20-22).

• *Pessoas muito bem-sucedidas ou com sucesso incomum no início da carreira*, que muitas vezes são presa da modalidade impostura do gênio, que abordaremos mais tarde (cf. p. 45).

• *Primeira geração de profissionais ou de estudantes universitários* numa família, que transfere a essas pessoas suas altas expectativas para que alcancem determinados objetivos, podendo levá-las a se sentir sobrecarregadas e incapazes de atingi-los.

• *Os que chegaram à sua posição por caminhos incomuns*, podendo por isso atribuir o sucesso à sorte e não ao merecimento.

• *Grupos de baixa representação* (mulheres, minorias étnicas, LGBT+, pessoas com deficiências, adeptos de certas religiões etc.), cujos integrantes sentem a pressão de estarem de alguma forma representando todo o grupo e podem, por isso, ser levados a se sentir como impostores.

---

* Os pensamentos secretos de mulheres bem-sucedidas: Por que pessoas capazes sofrem da Síndrome do Impostor e como ter sucesso apesar disso [N.T.].

- *Pessoas cujos pais são bem-sucedidos* (cf. cap. 2, p. 57).
- *Trabalhadores autônomos ou solitários*, que muitas vezes dependem da comunicação eletrônica, cuja banda emocional estreita dificulta a transmissão ou percepção de um tom amistoso ou favorável, podendo complicar sua avaliação do próprio trabalho e a satisfação ou não dos padrões exigidos, em especial porque comumente são poucas as oportunidades de interação que lhes permitem obter um retorno crítico positivo.

As razões pelas quais esses grupos podem ser suscetíveis à SI são analisadas mais adiante neste capítulo.

SÍNDROME DO IMPOSTOR NA ACADEMIA

Um artigo da doutoranda Beth McMillan no *Times Higher Education*, de 2016, diz que "[m]uitos dos mais respeitados acadêmicos do mundo acordam todos os dias convencidos de que não merecem a posição que têm, de que não passam de uma farsa e que logo serão desmascarados"[4]. E como confessa o blogueiro acadêmico Jay Daniel Thompson, "é sabido que [a SI] afeta até os mais notáveis professores"[5]. São várias as razões pelas quais a SI é tão disseminada no meio acadêmico. Primeiro, a academia é uma área de elite em que é muito difícil ingressar. Além disso, os acadêmicos são tidos como especialistas, de modo que podem sofrer da Síndrome do Impostor Especialista (cf. p. 48) e são constantemente julgados por sua produção de pesquisadores. É uma área muito competitiva, na

---

4. McMILLAN, B. (2016). "Think like an imposter and you'll go far in education". In: *Times Higher Education* [Disponível em https://www.timeshighereducation.com/blog/think-impostor-and-youll-go-far-academia].

5. THOMPSON, J.D. (2016). "I'm not worthy: imposter syndrome in academia". In: *The Research Whisperer* [Disponível em https://theresearchwhisperer.wordpress.com/2016/02/02/imposter-syndrome/].

qual conseguir ter trabalho publicado e garantir verbas de pesquisa é apenas para uns poucos (e você só é bom quando consegue). É muito fácil sentir o peso da expectativa e que todo mundo com certeza vai descobrir que você não é tão bom quanto a sua reputação sugere.

IMPOSTORES FAMOSOS

Se você está vivendo a Síndrome do Impostor, então certamente está em boa companhia. Há inúmeros exemplos de celebridades, gente de sucesso e conhecida de todos nós, mas que exibem sinais dessa síndrome. Eis algumas delas:
• A escritora e poeta americana Maya Angelou, ganhadora de três Grammys e indicada para os prêmios Pulitzer e Tony, fez a seguinte reflexão: "Escrevi 11 livros, e toda vez penso: 'Ai, vão me descobrir agora, preguei uma peça em todos e vão me desmascarar'"[6].
• O especialista em *marketing* Seth Godin, autor de dezenas de *best-sellers*, escreveu em *The Icarus Deception* (2012) que ainda se sente como uma fraude.
• O ator Tom Hanks, ganhador de dois Oscars e com mais de 70 filmes e *shows* de TV no currículo, perguntou numa entrevista em 2016: "Quando vão descobrir que eu sou, na verdade, uma fraude e vão tirar tudo de mim?"[7]
• A atriz Michelle Pfeiffer, indicada várias vezes para o Oscar e ganhadora de um Globo de Ouro, confessou: "Tenho medo constante de ser uma fraude e ser desmascarada"[8]. Em outra entrevista disse: "Ainda penso que as pessoas vão descobrir que

---

6. RICHARDS, C. (26/10/2015). "Learning to Deal with the Impostor Syndrome". In: *The Hew York Times* [Disponível em https://www.nytimes.com/2015/10/26/your-money/learning-to-deal-with-the-impostor-syndrome.html].

7. NATIONAL PUBLIC RADIO (NPR) (2016). *Tom Hanks Says Self-Doubt Is "A High-Wire Act That We All Walk"* [Disponível em https://www.npr.org/2016/04/26/475573489/tom-hanks-says-self-doubt-is-a-high-wire-act-that-we-all-walk].

8. ARONOFSKY, D. (2017). "Michelle Pfeiffer". In: *Interview Magazine* [Disponível em https://www.interviewmagazine.com/film/michelle-pfeiffer].

não sou muito talentosa. Realmente não sou muito boa. É tudo uma grande farsa'"[9].
• Premiada pela Academia de Hollywood, Jodie Foster temia ter que devolver o Oscar de melhor atriz de 1988 por sua atuação no filme *Os acusados* (*The Accused*, de 1988): "Achei que foi por acaso [disse numa reportagem] e que bateriam de repente à minha porta, dizendo 'Desculpe, pretendíamos dar o prêmio a uma outra pessoa, era para a Meryl Streep'"[10].
• O ator e produtor americano Don Cheadle, indicado para o Oscar, disse ao *Los Angeles Times*: "Tudo o que eu vejo é que estou fazendo tudo errado; é uma farsa, uma fraude"[11].
• Kate Winslet, agraciada com o Oscar, disse à escritora Susan Pinker: "Às vezes, acordo de manhã antes de uma filmagem e penso que não posso fazer isso, que sou uma fraude"[12].
• Chuck Lorre, escritor e criador de sucessos da televisão como as séries *Two and Half Men* (Dois homens e meio) e *The Big Bang Theory*, disse à rede pública nacional de rádio norte-americana NPR: "Quando você vai a um ensaio de algo que escreveu e a coisa não está legal, é natural pensar consigo mesmo: 'Sou péssimo, sou uma fraude'"[13].
• A atriz Renée Zellweger, ganhadora do Oscar, disse o seguinte sobre ser escolhida para certos papéis: "O que estão pensando? Deram-me esse papel! Será que não percebem que sou uma farsa?"[14]
• A maior ganhadora do Oscar e mais indicada para o Globo de Ouro dentre todos os atores, Meryl Streep, teria "admitido": "De todo modo, eu não sei atuar mesmo"[15].
• Sheryl Sandberg, gerente operacional do Facebook, foi certa vez a uma palestra na Universidade Harvard sobre "Sentir-se uma fraude" e achou que estavam falando diretamente a ela – tinha enganado a

---

9. SHORTEN, K. (2013). *High-achievers suffering from "Imposter Syndrome"* [Disponível em http://www.news.com.au/finance/highachievers-suffering-from-imposter-syndrome/news-story/9e2708a0d0b7590994be28bb6f47b9bc].

10. Ibid.

11. Ibid.

12. Ibid.

13. SHORTEN, K. (2013). *High-achievers suffering from "Imposter Syndrome"* [Disponível em http://www.news.com.au/finance/highachievers-suffering-from-imposter-syndrome/news-story/9e2708a0d0b7590994be28bb6f47b9bc].

14. Ibid.

15. Ibid.

todos[16]. Em outro momento declarou: "Há certos dias em que acordo me sentindo uma fraude, sem estar segura de que deveria estar onde estou"[17].

• Emma Watson, a estrela dos filmes de Harry Potter, revelou a sensação de que "[a] qualquer momento vão descobrir que eu sou uma fraude total"[18].

• O romancista John Steinbeck, ganhador do Nobel de Literatura de 1962, escreveu em seu diário em 1938: "Não sou um escritor. Estou enganando a mim mesmo e aos outros"[19].

Importância da formação familiar

Se você se sente como um impostor, sua formação familiar deve ter algo a ver com isso. A pesquisa pioneira de Clance e Imes sugeriu que a formação familiar pode ter importante papel na criação de sentimentos de impostura e que a maioria dos impostores costuma vir de dois tipos de dinâmica familiar. Examinemos quais.

Dinâmica familiar tipo 1: Irmão bem-sucedido

O impostor ou impostora com esse tipo de formação familiar teve um irmão ou irmã considerados bem-sucedidos, especialmente em termos de inteligência, ao passo que para eles mesmos sobrava o rótulo de "sensível" ou "gentil". O impostor ou impostora cresce sentindo-se dividido(a) entre a crença no rótulo que lhe deram e a tentativa de negá-lo, visando uma alta realização, aplicando-se com afinco na escola e tentando fazer o melhor possível. No entan-

---

16. Ibid.

17. Ibid.

18. FRANCIS, A. (2013). "Emma Watson: I suffered from 'imposter syndrome' after Harry Potter – I felt like a fraud". In: *Celebs Now* [Disponível em http://celebsnow.co.uk/celebrity-news/emma-watson-i-suffered-from-imposter-syndrome-after-harry-potter-i-felt-like-a-fraud-90219].

19. Cf. nota 2.

to, mesmo quando alcança o sucesso, a família pode não ficar tão impressionada, mantendo a mesma percepção de que inteligente é o outro filho ou filha. O impostor ou impostora continua se esforçando para chegar lá, mas, como o mito familiar não muda, começa a pensar que a família pode estar certa e que todas as realizações alcançadas são, na verdade, frutos da sorte ou outros fatores.

ESTUDO DE CASO

Shula foi criada com uma irmã dois anos mais velha. Dana, a primogênita, era uma criança brilhante: aos 10 meses já andava, aos 15 já falava frases completas e aos 3 anos estava lendo. Para os pais, Dana era um talento, e eles investiram muita energia e recursos para ajudá-la a realizar todo o seu "potencial". Shula, dois anos mais nova, sentia que suas realizações realmente não eram notadas. Era também brilhante, mas, como seus sucessos estavam mais de acordo com a idade, não atraíam tanta atenção dos pais. Estes, no entanto, sempre trataram de ressaltar que ela tinha outras qualidades especiais, talvez para que não se sentisse diminuída. Assim, referiam-se a Shula como "a extrovertida", que sempre conseguia fazer amigos em qualquer situação. Dana era mais reservada, de modo que Shula ganhou rótulos como "alegre" e "amistosa". Ela não tinha problema com esses rótulos, mas se ressentia de que suas qualidades no aprendizado não fossem de fato notadas, porque, embora fortes, não eram necessariamente excelentes como as de Dana. De modo que Shula veio a se tornar muito ambiciosa, especialmente em termos de conquistas intelectuais, mas nunca soube realmente se estava tentando provar algo a si mesma ou a seus pais. Fosse como fosse, sempre achou que não conseguia "provar" o bastante; na verdade, alcançou grandes coisas, inclusive premiações acadêmicas, entrando para uma universidade de ponta e construindo uma carreira de sucesso, mas sempre achou que tudo isso não era nada se comparado com as conquistas de Dana; a irmã é que era "o máximo", ao passo que Shula era apenas alguém fingindo ser tão boa quanto ela.

Dinâmica familiar tipo 2: Criança prodígio

Esta dinâmica familiar é diferente; aqui o impostor ou impostora cresce sob uma alta expectativa alheia quanto a suas realizações. A família coloca o rebento num pedestal, acreditando que é superior às outras pessoas sob todos os aspectos: é mais atraente, inteligente, sociável, tem mais talento etc. do que qualquer um. O problema surge quando o impostor ou a impostora começa a experimentar fracassos ou pelo menos a perceber que sua perfeição não é tanta quanto a família pensa. Começa então a desconfiar das percepções que os pais têm a seu respeito e a duvidar da própria capacidade. Percebe que tem de trabalhar duro para satisfazer as expectativas dos pais e começa a crer que não é o gênio que eles supunham; deve ser, portanto, um impostor ou uma impostora.

ESTUDO DE CASO

Shane foi criado apenas com um irmão mais novo, que tinha necessidades especiais. O irmão caçula tinha uma personalidade fabulosa e era muito querido, mas obviamente jamais iria "vencer" como os pais esperavam quando decidiram ter filhos. Shane, por outro lado, parecia ser tudo o que haviam sonhado. Era, na percepção de Shane sobre como o viam, um menino inteligente, bom, sério e bonito. De fato, saía-se muito bem na escola, passava horas cuidando do irmãozinho (o que gostava de fazer) e atraía bastante o sexo oposto (o que também gostava). Ao se tornar adulto, porém, Shane sentiu-se sobrecarregado pelas expectativas dos outros. Achava que os pais esperavam dele mais do que podia na verdade oferecer e que não era o modelo de virtude que eles haviam fantasiado. Devido a essa defasagem entre a opinião dos pais sobre ele e o que percebia como real, passou a se sentir como um impostor – aparentando algo que no fundo não era. O que o deixava muito estressado –, e quanto mais se esforçava para satisfazer a expectativa dos pais, maior era a sensação de estar sendo falso. E cada evidência de que não era tão perfeito quanto pensavam era guardada no íntimo e usada como mais uma prova de ser um impostor.

A formação familiar não é o único fator que leva à SI, naturalmente. Há muitas pessoas que reconhecem em sua história esses tipos familiares e não se sentem impostoras; nem todos os "impostores" surgem de famílias assim. Mais adiante, neste capítulo, examinaremos alguns dos outros fatores comuns que contribuem para os casos da SI.

Como saber se tenho SI?

No seu trabalho inicial sobre a Síndrome do Impostor, Clance e Imes descreveram alguns dos seus sinais por estágios evolutivos:

1) As precondições da síndrome dispõem a uma baixa expectativa de sucesso na vida (cf. p. 12s.).

2) Você experimenta o sucesso (inesperado) e passa a viver um conflito entre essas duas sensações. Você *sabe* que tem sucesso, mas *não se acha merecedor*. É a chamada dissonância cognitiva; o desconforto mental ou estresse que se sente quando se tem duas crenças contraditórias simultâneas.

3) Para resolver a contradição, a pessoa passa a atribuir o sucesso a causas externas ou temporárias (como a sorte), e não a motivos internos e estáveis (como o próprio talento).

Os estágios no processo da Síndrome do Impostor

Isso pode levar à manifestação de uma série de comportamentos, sinais e sintomas; alguns dos quais você pode reconhecer em si mesmo. Vamos dar uma olhada em alguns deles antes de fazer uma autoavaliação sobre a SI e examinar os diferentes tipos de impostor. Entre os comportamentos comuns de quem tem SI estão:

Trabalho excessivo

O impostor acha que tem de trabalhar demais para impedir que sua "farsa" seja descoberta. Muitas vezes essa estratégia de "disfarce" dá certo e a pessoa se sente bem, o que aumenta o esforço e gera alívio pelo sucesso do esforço; mas aí começa a pensar que só teve sucesso porque trabalhou *tanto*, o que a leva de novo à sensação de impostura. Repete-se assim o ciclo de preocupação, trabalho excessivo e uma temporária sensação de bem-estar.

Ciclo do excesso de trabalho e da sensação de ser uma fraude

Escondendo as próprias opiniões

Como o impostor não tem confiança na própria capacidade, acha que deve mascarar as próprias opiniões para não expor sua inferioridade intelectual. Assim, evita manifestar sua visão das coisas e tomar parte em discussões que possam revelar certa falta de conhecimento, podendo até simplesmente adotar a visão dos outros. O que pode assumir a forma de "adulação intelectual", com o impostor adotando as opiniões de pessoas que acredita terem a inteligência ou superioridade que lhe faltam.

Achar um mentor "superior" para impressionar

Outro sinal de impostura é uma constante necessidade de procurar e mirar alguém que a pessoa acha "superior" a ela. Se puder impressionar esse herói, isso validaria uma sensação de ser autêntica – se tal figura incrível gosta da pessoa e a respeita, então essa é de fato o máximo. O que pode levar a um "ataque de charme", fazendo a pessoa querer agradar o herói, cultivar um interesse nas coisas de que ele gosta, achar razões para trabalhar com ele etc. Em alguns casos pode até envolver relacionamento sexual.

Infelizmente, nem a validação desse herói "cura" a SI subjacente. Isso porque invariavelmente o impostor acaba supondo que simplesmente enganou também o herói – talvez por conseguir distraí-lo com os seus encantos, com o interesse nos *hobbies* dele etc. Além disso, pode estar cônscio de que busca aprovação com muita insistência e de que essa necessidade reforça sua sensação de ser uma fraude; afinal, pessoas realmente talentosas não deveriam precisar da aprovação dos outros para validarem sua competência. Sua própria carência reforça a visão negativa de si mesmo.

ESTUDO DE CASO

Ana foi eleita vereadora em seu município. Ficou encantada, mas tinha muito medo de se sentir um peixe fora d'água, sem condições realmente de exercer a representação que lhe conferiram. Todos os outros vereadores pareciam muito mais capazes e conhecedores da função. Passou a ter medo de falar nas sessões legislativas, para não descobrirem a "verdade" sobre ela; ou seja, que era uma impostora e conhecia muito pouco, não devendo, portanto, sequer ter sido eleita. Achava que podia encobrir a verdade aos olhos dos eleitores, mas que enganar os colegas era completamente diferente. Não só ficava a maior parte do tempo calada, como passou a concordar com os colegas e a elogiá-los, mesmo quando não concordava com as opiniões deles. Parecia ser essa a melhor conduta para evitar ser "exposta" como uma farsante, porque obviamente todos sabiam mais do que ela, de modo que se resguardava concordando com eles.

> **ESTUDO DE CASO**
>
> Julie vinha me ver havia vários meses devido à falta de autoconfiança e à baixa autoestima. Sofria claramente de Síndrome do Impostor, mas levei um tempo para perceber que havia desenvolvido uma tendência de buscar e fazer amizade com pessoas que admirava ou queria impressionar. Essas "amizades" eram muito intensas e diferentes do que acontecia normalmente na sua relação com os amigos. Em geral eram pessoas do sexo oposto que despertavam sua admiração. Fantasiava impressioná-las e ser admirada por elas, em vez de ser desejada sexualmente. Quando estava no auge de uma "obsessão", tentava ficar o maior tempo possível com o seu "herói", buscando o interesse dele e demonstrando o quanto tinham em comum. Comunicava-se intensamente com esses "heróis" por vários meios, e muitas vezes dava um jeito de arrumar um encontro de trabalho ou por razões profissionais. Não percebia, mas seu objetivo era ser valorizada, ganhar atenção e impressionar o objeto do seu interesse para se sentir importante. Invariavelmente essas amizades intensas acabavam rápido, talvez por serem intensas demais para a outra pessoa ou por chegar ao fim o projeto que as aproximara. O que deixava Julie angustiada, mais para baixo do que nunca, aumentando assim seu sentimento de ser uma "fraude". Sentira-se importante e valorizada durante a amizade, mas ao final achava que tinha sido tudo falso, e que ela não passava de uma farsa. Invariavelmente passava então a procurar outro "alvo" para fazê-la sentir-se de novo valorizada.

Perfeccionismo

Para provar o seu valor, o impostor tem que fazer tudo direito. Por isso teme o fracasso e qualquer imperfeição, pois isso só reforçaria a temida possibilidade de ser visto como falso. Imagine um artista pintando um quadro. Enquanto trabalha, pergunta-se lá no fundo por que está fazendo isso, pois sente que não tem um verdadeiro talento. Mesmo assim, faz uma exposição numa galeria famosa e vive confortavelmente da venda de seus quadros, mas acha realmente que não tem todo esse talento e tem constante medo de que tal deficiência seja descoberta e todo o seu sucesso desapareça na poeira. Por isso, suas obras têm que ser perfeitas; qualquer coisa menos do que isso reforçaria a sensação de que é um lixo. Com toda probabilidade, destruirá qualquer trabalho que não satisfaça sua alta exigência; livrando-se assim dessa "prova" de sua falta de talento e criatividade.

Esse perfeccionismo pode gerar um ciclo vicioso no qual o medo do fracasso leva à busca da perfeição, que se manifesta no trabalho à exaustão ou na incapacidade de aceitar que um projeto foi concluído; e mesmo, por vezes, ao medo de sequer começar alguma coisa por achar que pode não ser bom o bastante.

ESTUDO DE CASO

Jack demonstrou no Ensino Médio um grande talento artístico. Planejava estudar Artes Plásticas na universidade e sempre ouvia elogios por sua autêntica inclinação. Mas vivia uma luta interna porque sofria da SI: não acreditava ser tão bom quanto diziam. Em parte, isso se devia ao fato de que não era tão brilhante em todos os gêneros de arte. Era hábil retratista, mas não se saía tão bem em natureza morta e outros tipos de pintura. E não teve em um dos exames o sucesso que outros esperavam dele. Por isso, sentiu-se um impostor, e para mitigar essa sensação passou a se exigir uma perfeita execução em toda obra, para provar a si mesmo que era efetivamente um artista, e não a fraude que suspeitava no íntimo. Isso levou-o à obsessão de não dar por acabado qualquer quadro enquanto não fosse brilhante a seus olhos. Começou a levar um tempo excessivo na execução de cada tela, muitas vezes simplesmente destruindo-a se não ficasse 100% satisfeito, mesmo se tivesse levado horas e horas para pintá-la.

Sabotar as realizações

O ciclo do perfeccionista impostor muitas vezes tem outro elemento: o impostor sabota suas próprias conquistas ao alcançá-las. Assim, o medo do fracasso se não trabalhar duro e então ser exposto como uma fraude leva o impostor a trabalhar mais do que o normal, produzindo bons resultados que, no entanto, não reconhece e vê como "nada demais", algo que qualquer um poderia fazer. O que permite à sensação de impostura sobreviver intacta; o sucesso obtido não bate com a sensação de não ser bom de fato, gerando uma dissonância cognitiva; ou seja, a ter ao mesmo tempo duas crenças (ou cognições) que se contradizem: sensação desconfortável que se deseja aliviar.

Pode-se reduzir esse desconforto de duas maneiras, seja mudando a crença de não ser bom o bastante ("afinal, devo ter algum talento"), seja mudando a noção de que realizou algo impressionante ("isso não foi tão difícil de fazer, já que consegui"). Em geral, é mais fácil mudar a crença sobre o feito, pois isso permite que permaneça intacta a crença de não ser bom o bastante (que pode ser antiga e estar sedimentada). Isso leva ao ciclo seguinte:

Desmerecer elogios

Relacionado ao que acabamos de expor é o fenômeno de descontar os elogios dos outros. É um paradoxo curioso: o impostor busca desesperadamente a aprovação e o elogio para validar seus talentos e habilidade, mas quando os recebe acaba lutando com a contradição que isso gera.

Como antes, para reduzir a desconfortável dissonância, o impostor tem de mudar uma de suas crenças ou cognições, seja concordando que é de fato competente (e merecedor de elogio), seja descontando a aprovação alheia ("no fundo não é elogio", "sabem que, afinal, isso não foi nada demais"). De novo, é mais fácil descontar o elogio do que mudar uma crença que pode estar assentada há anos.

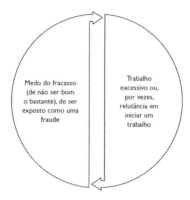

Ciclo do Impostor Perfeccionista

Dissonância cognitiva causada pela baixa autoconfiança combinada com o reconhecimento da realização

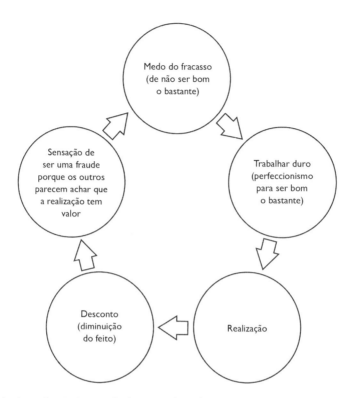

Ciclo do perfeccionismo e do desconto da realização na Síndrome do Impostor

Autoboicote

O impostor pode sabotar o próprio desempenho para ter pronta uma desculpa para o fracasso. Por exemplo, pode não se preparar para uma entrevista ou para um exame para, assim, limitar a sensação de ser um impostor. Pois, se não se sair muito bem, não vai se sentir um impostor. Numa pesquisa com mais de 400 pessoas, descobriu-se que as que se boicotavam de alguma maneira tinham também maior probabilidade de um alto escore na medição do fenômeno da impostura[20].

---

20. JARRET, C. (2010). "Feeling like a fraud". In: *The Psychologists* [Disponível em https://thepsychologist.bps.org.uk/volume-23/edition-5/feeling-fraud].

> **ESTUDO DE CASO**
>
> Jo sempre quis escrever um livro, mas sabia como era difícil encontrar um agente literário, quanto mais ser publicado. Achava que as pessoas que conseguem um agente são incríveis, talentosas e que nunca estaria nessa categoria. O que escrevia, em sua opinião, não era tão incrível assim, tudo bem. Mas era persistente e, por fim, um agente aceitou representá-la. Mas, assim que a euforia inicial se dissipou, começou a desmerecer o passo dado, chegando à conclusão de que, se conseguira um agente, isso não devia ser tão difícil. Além do mais, arranjar um agente era mole, se comparado a arranjar uma editora – ter um agente com certeza não era garantia de publicação. Mesmo quando conseguiu uma editora, desmereceu a notável realização dizendo a si mesma que ter chegado à publicação não era garantia de sucesso – o livro tinha de ser vendido. Jo sabotava cada conquista convencendo-se de que o feito não era lá essas coisas.

E então, você tem Síndrome do Impostor?

A esta altura você deve ter identificado em si mesmo(a) alguns dos sinais e sintomas da SI. É provável que a maioria de nós tenha alguns dos sintomas descritos acima, mas isso não significa que tenhamos a Síndrome do Impostor. Temos que lembrar neste ponto que, na verdade, a SI não é reconhecida propriamente como um quadro de saúde mental (cf. p. 13s.) e que, portanto, não há critérios profissionais padronizados a respeito.

Adiante pode ser encontrado, porém, um questionário de autoavaliação que imaginei para lhe dar uma ideia se alguns dos sinais e sintomas que você apresenta são suficientes para dizer que está sofrendo da SI. O questionário se baseia nos sintomas comuns descritos acima e não pretende ser um instrumento de diagnóstico de saúde mental, mas sim uma maneira rápida e simples de checar em que grau você se sente como um(a) impostor(a).

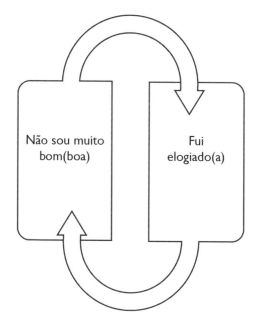

Dissonância cognitiva causada por baixa autoconfiança combinada com elogio

Mais adiante daremos uma olhada nos vários tipos de impostores e faremos outro questionário para ajudar a identificar o seu "tipo" (cf. p. 50); tudo isso serve para ajudá-lo(a) a entender-se um pouco melhor e, portanto, a lidar de modo mais eficaz com a SI.

Responda a cada uma das perguntas que seguem escolhendo uma das 4 opções oferecidas que a seu ver mais se aplique.

Questionário de autoavaliação*

1) Você acha fácil aceitar elogios?
   a) Muito difícil.
   b) Meio difícil.
   c) Mais ou menos fácil.
   d) Muito fácil.

2) Quando você faz um bom trabalho, qual a probabilidade de descartá-lo como não sendo lá essas coisas? (P. ex., foi fácil; qualquer um poderia ter feito; não foi nada demais.)
   a) Muito provável.
   b) Bem provável.
   c) Pouco provável.
   d) Totalmente improvável.

3) Quando você realiza bem alguma coisa, qual a probabilidade de atribuir o sucesso à sorte?
   a) Muito provável.
   b) Bem provável.
   c) Pouco provável.
   d) Totalmente improvável.

4) Quando você faz algo não muito bem, qual a probabilidade de atribuir a falha ao acaso?
   a) Totalmente improvável.
   b) Pouco provável.
   c) Bem provável.
   d) Muito provável.

---

* Atribua valor 1 às respostas a); 2 às respostas b); 3 às respostas c); e 4 às respostas d) [N.T.]

5) Quando você tem um fraco desempenho ou fracassa em alguma coisa, qual a probabilidade de atribuir isso à própria incompetência ou à falta de dedicação?

    a) Muito provável.

    b) Bem provável.

    c) Pouco provável.

    d) Totalmente improvável.

6) Quando você faz bem alguma coisa, qual a probabilidade de atribuir o sucesso aos outros? ("Eles me ajudaram.")

    a) Muito provável.

    b) Bem provável.

    c) Pouco provável.

    d) Totalmente improvável.

7) Quando realiza mal alguma coisa, qual a probabilidade de atribuir a falha aos outros? ("Foi culpa deles.")

    a) Totalmente improvável.

    b) Pouco provável.

    c) Bem provável.

    d) Muito provável.

8) Que importância tem para você ser o(a) melhor em algo que lhe interessa?

    a) Muito importante.

    b) Bastante importante.

    c) Pouco importante.

    d) Importância nenhuma.

9) Que importância tem o sucesso para você?

    a) Muito importante.

    b) Bastante importante.

c) Pouco importante.

d) Importância nenhuma.

10) Qual a probabilidade de você se concentrar mais nas coisas que não realizou bem do que nas que fez bem?

a) Muito provável.

b) Bem provável.

c) Pouco provável.

d) Totalmente improvável.

11) Que importância tem para você encontrar um "herói" para fazer amizade e impressionar?

a) Muito importante.

b) Bastante importante.

c) Pouco importante.

d) Nenhuma importância.

12) É comum você ter medo de expressar suas opiniões para que as pessoas não descubram sua falta de conhecimento?

a) Muito comum.

b) Bem comum.

c) Pouco comum.

d) Absolutamente incomum/raramente.

13) É comum você se sentir incapaz de iniciar um projeto por temer fracassar?

a) Muito comum.

b) Bem comum.

c) Pouco comum.

d) Absolutamente incomum/raramente.

14) É comum você perder a disposição de terminar um projeto porque ele não está bom o bastante?

a) Muito comum.

b) Bem comum.

c) Pouco comum.

d) Absolutamente incomum/raramente.

15) Saber que um trabalho realizado não ficou perfeito deixa você infeliz?

a) Totalmente infeliz.

b) Não muito feliz.

c) Pouco interfere em sua felicidade.

d) Em nada interfere em sua felicidade.

16) É comum você se sentir uma fraude?

a) Muito comum.

b) Bem comum.

c) Pouco comum.

d) Absolutamente incomum/raramente.

17) Até que ponto você se preocupa em que sua falta de capacidade, talento ou habilidade seja descoberta?

a) Muito.

b) Mais ou menos.

c) Não muito.

d) Absolutamente não me preocupo.

18) Até que ponto tem importância para você ser validado pelos outros (elogiado)?

a) Muita importância.

b) Certa importância.

c) Pouca importância.

d) Importância nenhuma.

Como calcular sua pontuação

A pontuação vai de 18 a 72, e quanto mais baixa, *maior* a probabilidade de que você sofra da SI.

De forma geral, pontuações abaixo de 36 indicam provavelmente que você tem algum elemento da SI. Portanto, continue lendo para saber que tipo de impostor(a) você pode acreditar ser. Também será útil ler o restante do livro para ajudar a entender como surgiram as suas crenças de impostura, como lidar com elas e aumentar sua autoconfiança.

Tipos de impostura

Nem todos os que se acham impostores são iguais; há mais de uma maneira de se sentir falso(a). Uma das pesquisadoras mais dedicadas da Síndrome do Impostor é Valerie Young, autora de *The Secret Thoughts of Successful Women: Why Capable People Suffer from the Impostor Syndrome and How to Thrive in Spite of It** (Crown Publishing, 2011). No livro ela descreve o que chama de "tipos de competição", que são regras internas que devem seguir as mulheres que lutam com a Síndrome do Impostor. São regras que aprendem a criar para si mesmas e que muitas vezes incluem palavras como "deveria", "sempre", "não" e "nunca". Isso levou Young a identificar cinco tipos de impostora (que também se aplicam provavelmente aos homens):

Perfeccionista

Mencionamos anteriormente o perfeccionismo como um comportamento comumente associado à SI, mas também pode caracterizar um tipo de crença de ser impostor(a). Se você é um(a) impostor(a) perfeccionista, pode se impor objetivos e expectativas tão altos, que raramente é capaz de atingir. E quando não consegue chegar lá, reforça sua crença interior de que não é bom ou boa o bastante.

* Pensamentos secretos das mulheres de sucesso: Por que as pessoas capazes sofrem da Síndrome do Impostor e como vencer, apesar disso.

E mesmo que tenha sucesso, dificilmente ficará satisfeito(a) porque sempre acha que poderia ter feito melhor – talvez supondo que tenha estabelecido um limite muito baixo para o salto. A tendência será a de focar no que pode ser melhorado, e não no que foi bem realizado, resultando então muitas vezes em ansiedade, dúvida na própria competência e uma sensação de infelicidade.

Se os perfeccionistas não atingem os altos padrões que estabeleceram para si, vão achar difícil se livrar do desapontamento e da sensação de fracasso. Se você é assim, pode ficar ruminando durante dias o que deu errado e o que deveria ou poderia ter feito. Pode também ver um eventual fracasso como reflexo da sua capacidade; ou seja, você é um fracasso. Isso, por sua vez, mostra como você é uma farsa, por pensar que poderia ter tido sucesso ou porque os outros acham você um sucesso.

Como perfeccionista, você provavelmente também reluta em delegar poderes, uma vez que ninguém consegue satisfazer seus padrões absurdamente altos (aliás, nem você, como verá tantas vezes); devido a tamanho esforço obsessivo, sabe que é mais provável você atingir esses padrões do que os outros.

REGRAS INTERNAS DA IMPOSTURA PERFECCIONISTA

- Tudo o que eu faço tem de ser perfeito.
- Não posso cometer erros.
- Se as coisas não ficarem perfeitas, então sou uma fraude.
- Se faço algo de modo perfeito, talvez não tenha fixado metas muito altas.
- Sempre posso fazer melhor.
- Se não ficar perfeito, fracassei.
- Se não posso fazer as coisas com perfeição é melhor não fazer.

> ## ESTUDO DE CASO
>
> Marilyn é uma organizadora de eventos, possuindo sua própria empresa. Isso é muito importante para ela, que se orgulha de ser a melhor no ramo, com a atenção ao detalhe sendo o seu forte. O problema é que ela exige perfeição, tanto de si mesma quanto dos empregados. Passa dias e dias planejando um evento perfeito para um cliente; o que contribui para que sempre tenha serviço, mas implica também que ocupe todo o seu tempo trabalhando. Nunca fica longe do telefone e dos e-mails, estando constantemente em busca do melhor. Mesmo quando encontra algum produto adequado para um tema continua procurando para o caso de haver alguma alternativa melhor. Clientes muito satisfeitos fazem elogios delirantes aos seus eventos, mas ela pouco desfruta o sucesso porque só consegue focar no que deu errado ou podia ser melhorado. Em geral o cliente nem nota as pequenas falhas ou deslizes, mas Marilyn os sente fundo na alma. Mesmo quando elogiada, acha difícil aceitar; sente-se uma farsante, porque todos acharam brilhante o evento, mas ela sabe que não foi.
> Marilyn também acha difícil delegar a outra pessoa qualquer responsabilidade por um evento, mesmo parcial, porque sempre acha que ela mesma pode fazer melhor. Se um dos seus funcionários é encarregado de procurar um produto, ainda assim ela própria também vai pesquisar (e invariavelmente encontra algo melhor). Mesmo nas raras ocasiões em que concorda que tudo realmente saiu direito, não consegue relaxar e curtir o sucesso; simplesmente fica pensando onde poderia ter realizado algo ainda mais espetacular.

A Mulher Maravilha e o Super-homem

Essa dupla é ligeiramente diferente dos perfeccionistas porque sua sensação de sucesso não depende tanto do *que* fazem, mas do *quanto* fazem. Se você é uma Mulher Maravilha ou um Super-homem acha que tem de ser boa ou bom em tudo. Na verdade, não exatamente boa ou bom; você tem que ser excelente, grande, brilhante, mesmo a/o melhor em tudo. De modo que vocês têm uma missão mais ampla do que os perfeccionistas, limitada a determinado tipo de coisas, como o trabalho, a pintura, a culinária etc. Para começar, como superimpostores, vocês se orgulham da competência com que conseguem manipular tudo – e ainda se saem de forma brilhante. O superimpostor típico original era a Mulher Maravilha, criada para crer que podia tudo, lutando assim para ser uma mãe perfeita, a supermulher de negócios, superesposa, superfilha, perfeita integrante do grupo de pais e professores da escola, e assim por diante. Hoje em dia, esse tipo não está mais restrito às mulheres, pois cada vez mais pessoas assumem múltiplos papéis na vida.

Quanto mais o superego toma a frente, mais você quer provar para si mesmo(a) e para o mundo quão grande é. Você está constantemente buscando aprovação externa em vez de escutar a própria voz interior sobre o seu sucesso real. Por isso pode achar difícil relaxar e aproveitar o tempo de lazer; tem que estar fazendo algo o tempo todo para provar o seu valor. E pode se lisonjear com a admiração dos outros pela maneira como consegue fazer tudo. O problema é que está construindo o próprio fracasso, pois não é possível uma atuação fantástica em tantos papéis diferentes. Não pode ser uma mãe perfeita, profissional perfeita, trabalhadora voluntária, filha, irmã, fada do lar, cozinheira e amiga perfeitas – ou a versão masculina disso tudo –, porque uma missão tão vasta é impossível. Quando experimenta o inevitável "fracasso" em algum desses papéis, quando uma das bolas desse malabarismo escapole, você se repreende e vê isso como evidência da sua mistificação; deu duro para cultivar essa imagem incrível de perfeição, mas a realidade é que falhou. Então passa a se sentir uma farsa, um(a) impostor(a).

REGRAS INTERNAS DO(A) SUPERIMPOSTOR(A)

- Tenho que ser excelente em tudo.
- Quanto mais faço, melhor sou.
- Se não atinjo a perfeição em tudo o que faço, concluo que falhei.
- Tenho que ser capaz de manejar tudo.
- Tenho que ser capaz de enfrentar qualquer coisa.
- Não saber lidar com algo é sinal de fraqueza.
- Se falho em alguma coisa, isso prova que sou uma farsa.

ESTUDO DE CASO

Cloé tem três filhos e dirige uma entidade beneficente recém-criada. Também é vice-presidente do conselho administrativo da escola dos filhos, faz trabalho voluntário em um asilo de velhos onde mora o avô e disputa meias-maratonas beneficentes para ajudar a sua organização de caridade. Em casa gosta de cozinhar para a família com ingredientes frescos; acha que a comida pré-processada é cheia de química. Quer alimentar bem os seus, sempre com refeições caseiras, e leva para as crianças quitutes feitos por ela mesma quando vai pegá-las na escola. Também normalmente prepara guloseimas para as festinhas na escola.

Todo mundo acha a Cloé impressionante e a elogia pelo muito que faz. Ela gosta de estar ativa e se deleita com os elogios. Aprecia receber em casa, e com frequência dá jantares em que curte impressionar os convidados com suas proezas culinárias. As amigas sempre lhe dizem que não sabem como ela consegue se virar com tanta coisa, mas ela se orgulha de que os filhos estejam sempre limpos e com as roupas bem-passadas, apesar da sua rotina cansativa. Fora uma pequena ajuda na faxina, ela faz tudo sozinha.

Recentemente, porém, começou a se sentir uma farsa. Todo mundo a elogia como se fosse a Mulher Maravilha, mas ela não se sente assim. Começa a enfrentar uma batalha íntima e decidiu que deve cortar algumas obrigações para conseguir dar conta: arranjar uma passadeira, comprar alguma comida pré-pronta e diminuir o regime de exercícios. Sente-se uma fraude por não ser a Mulher Maravilha que todos acham; com efeito, não consegue mais administrar tudo como antes. E a incapacidade de fazer tudo apenas prova para si mesma a farsa que ela é.

O gênio natural

Se você é esse tipo de impostor(a) pode ter desfrutado o sucesso na infância e aprendido ou ter sido levado a crer que nasceu para ser grande. Isso significa que se sente um fracasso se tiver que se esforçar em alguma coisa. Como um gênio natural, pode de início ter encontrado o sucesso fácil – talvez um ótimo aproveitamento escolar – sem na verdade ter trabalhado muito para isso. Tal postura lhe valeu o rótulo de "gênio", mas o problema é que a maioria das pessoas não consegue manter um alto nível de realização sem algum esforço. Como o esforço é necessário, você acha que finge ser um gênio: só está tendo sucesso porque dá um duro danado; portanto, não é um gênio natural coisa alguma. O problema é que a sua mente está fixada na ideia de que você tem que ser "naturalmente" um gênio, de modo que qualquer esforço extra que lhe é exigido apenas prova que farsante você é. Quanto mais tem que lutar ou dar duro para alcançar o sucesso em alguma coisa, maior é a sensação de impostura.

Quem é "naturalmente" um gênio não aceita que a maioria das pessoas não passe direto, sem esforço, do estágio de novatas para o de especialistas. Se você é um gênio natural não consegue entender que há muitos estágios entre o nada bom e o muito bom; para você é tudo preto no branco. Você coloca a barra da expectativa em um ponto alto demais, assim como os perfeccionistas, mas a diferença é que os perfeccionistas tentam e tentam até conseguirem ultrapassá-la (muitas vezes a tentativa leva um tempo excessivo), enquanto você, como um gênio natural, se desanima com o esforço e espera a perfeição cedo demais. Pela mesma razão, pode ficar ressentido(a) por precisar ou receber uma oferta de ajuda para realizar algo, achando que deveria ser capaz de fazê-lo sem assistência. Pode até ficar relutante em assumir novos desafios caso não seja brilhante naquilo que tem de fazer ou então desanimar rápido demais e desistir.

REGRAS INTERNAS DO GÊNIO NATURAL IMPOSTOR

- Tenho de fazer direito da primeira vez.
- Deve ser fácil para mim.
- Se eu fosse realmente bom(boa) e talentoso(a), não seria tão difícil assim.
- O sucesso tem de ser fácil; do contrário, sou uma farsa.
- Se tenho de dar duro em alguma coisa, não devo ser bom(boa) nisso.

ESTUDO DE CASO

O sucesso sempre foi fácil para James. Seu desempenho na escola era excelente sem, na verdade, ter de se esforçar muito: dava um *passeio* nos exames. Conseguiu até um ótimo trabalho de estagiário na adolescência sem qualquer dificuldade devido aos contatos dos pais. O que o ajudou a ingressar numa universidade de ponta para estudar Política. Os dois primeiros anos foram, como se diz, melzinho na chupeta, com tempo bastante para uma vida social intensa, namorando muitas garotas atraentes. Todo mundo achava que ele tinha o toque de Midas, e tanto a família quanto os amigos o viam como um rapaz de ouro. Vida boa, em suma.

Mas no terceiro ano de faculdade as coisas mudaram para James. Seus estudos passaram a exigir um projeto de pesquisa independente. Encontrou uma instituição que lhe daria acesso para fazer o trabalho, mas no último instante o acordo foi cancelado e ele não sabia o que fazer. Ficou bastante desanimado e se desmotivou. Batalhava para achar outro lugar e começou a se estressar. O que passou a refletir nas notas do curso, em declínio. Sentiu-se então como uma fraude, um impostor; talvez não devesse estar cursando uma universidade. Com certeza, não era o rapaz de ouro que todo mundo pensava; caso fosse, não estaria enfrentando esses problemas. Acabou arranjando uma colocação para a pesquisa e seu aproveitamento voltou ao normal, mas se sentia por baixo devido à reputação que trazia da infância de ser uma espécie de gênio. Passou a considerar que, na verdade, não era a pessoa que todos supunham; sentia mesmo que aquele curso não era para ele e que não poderia ter sucesso na política, porque esta havia se tornado uma batalha.

A pessoa forte

Se você é esse tipo de impostor(a), acha que sucesso significa poder fazer bem qualquer coisa por conta própria. Não que não queira trabalhar em equipe, mas simplesmente que, se receber alguma ajuda ou sugestão, desmerecerá o sucesso. É diferente de como o gênio natural recusa ajuda; este acha que deve conseguir fazer algo sozinho, enquanto que a pessoa forte dispensa ajuda porque acha que, do contrário, não poderá reivindicar o sucesso: "não fui eu, tive ajuda". E é importante buscar o crédito para si porque isso estimula a sua autoestima. Se tem ajuda, você se sente como impostor(a) ao receber elogios dos outros. Da mesma forma, se pedisse ou mesmo se lhe oferecessem ajuda, isso indicaria que os outros perceberiam a sua impostura, a farsa de alguém que não sabe o que está fazendo ou não consegue se virar por conta própria. Pedir ajuda expõe a fraude que você é.

REGRAS INTERNAS DO(A) IMPOSTOR(A) FORTE

- Eu tenho de fazer as coisas por mim mesmo(a).
- Se me oferecem ajuda é porque já descobriram a minha farsa.
- Se aceito ajuda, isso significa que não sei me virar.
- Só as realizações por conta própria são importantes.

> ## ESTUDO DE CASO
>
> Mark é um executivo publicitário de grande criatividade. Nada o deixa mais satisfeito do que mostrar-se criativo com uma grande ideia para uma campanha de anúncios que consegue vender ao cliente. É conhecido pelas ideias brilhantes em propaganda, tem a reputação de ser realmente muito criativo e viceja com os elogios.
> Sua fraqueza, porém, é que odeia trabalhar em equipe; o que é problemático, porque na maioria as campanhas publicitárias são fruto de um esforço coletivo. Se faz parte de uma equipe que conquista uma conta, ele desconsidera esse sucesso na sua "lista pessoal" e se está magra a sua lista de sucessos solo começa a se sentir um fracasso. Mas ainda assim todos o veem como esse incrível publicitário criativo porque invariavelmente é ele quem traz as ideias iniciais para as reuniões da equipe. Mantém, portanto, a sua reputação de grandeza; mas raramente sente que a merece porque, para ele, a grandeza vem do trabalho de solista, e não dos projetos conjuntos.
> A outra fraqueza de Mark é não pedir ajuda em campanha alguma. Muitas vezes se debate com certos aspectos de um trabalho, mas sente que, se pedir ajuda, isso não apenas vai empanar o eventual sucesso (sentindo-se assim ainda mais impostor), como também vai expor sua impostura; se tivesse toda essa criatividade que as pessoas lhe atribuem, então não precisaria de ajuda.

Especialista

Se você é esse tipo de impostor(a) deve ser considerado(a) especialista em sua área, mas acha que não merece o rótulo. Para o(a) *expert*, há um limiar de *expertise*, qualificação ou refinamento, que ele ou ela ainda não alcançou (e que provavelmente jamais alcançará). Isso porque esse limiar é colocado num nível muito alto e inalcançável: para ser um(a) especialista você tem de conhecer tudo sobre um assunto ou uma área de atividade. Obviamente ninguém pode saber tudo, de modo que o(a) especialista, com toda probabilidade, deve sempre fracassar em algum ponto, expondo aos outros o(a) impostor(a) que realmente é.

Como impostor(a) especialista, você bem pode ter um punhado de qualificações que dão testemunho do seu valor, mas acha que de algum modo as obteve por acaso, por sorte ou mesmo algum tipo de trapaça. Pode até se encolher quando o(a) chamam de *expert*, achando que não merece o rótulo.

Como impostor(a) especialista, pode investir grandes somas de dinheiro e recursos para tentar aprender e se aprimorar mais e mais com o objetivo de se tornar o(a) especialista que acha que deveria ser. Sempre é bom investir em melhoria e atualização profissionais, naturalmente, mas o(a) impostor especialista pode adquirir uma obsessão com isso. Você não acredita no aprendizado pela experiência à medida que avança na profissão. Sempre se sente subqualificado(a) e, devido a essa suposta carência na sua especialidade, reluta em buscar novas funções ou uma promoção. Por exemplo, mesmo se tiver cinco dos seis requisitos enumerados num anúncio de emprego, você não se candidatará ao posto. Pode até recusar ou relutar em utilizar as suas qualidades enquanto não for suficientemente "especializado"; isso jamais chegará a ser alcançado porque você coloca a barra da especialização alta demais.

REGRAS INTERNAS DO(A) IMPOSTOR(A) ESPECIALISTA

- Tenho de conhecer tudo para ser um(a) especialista. Se não sei tudo, sou uma farsa.
- Só poderei usar minhas qualidades quando for especialista. Não tenho qualificação suficiente.
- Se fosse realmente inteligente, já saberia disso. Não posso pedir ajuda porque isso mostraria que sou uma fraude.
- Mas quero ser um(a) *expert*. Preciso de mais treinamento, experiência ou qualificações antes de me colocar como tal. Outras pessoas sabem mais do que eu.

> **ESTUDO DE CASO**
>
> Vicki é corretora imobiliária e recentemente começou também a fazer trabalhos na mídia como "especialista" do setor. Um jornal da sua cidade pediu-lhe para comentar uma reportagem sobre um imóvel, e a partir daí o trabalho foi crescendo. Agora regularmente aparece em vários veículos de comunicação, tanto locais quanto nacionais, falando um pouco de tudo, desde preços de propriedades a como tornar uma casa mais atraente para possíveis compradores.
>
> Isso é muito bom para os seus negócios, claro, mas ela acha difícil fazer esse papel de *expert*. Pois absolutamente não se sente uma especialista depois de apenas três anos na área, achando que há outros profissionais bem mais qualificados. A seu ver, precisaria de muito mais experiência para ser considerada uma especialista, começando, portanto, a se sentir uma fraude. Quando é elogiada numa entrevista radiofônica, a sensação de farsa aumenta e passa um tempo enorme preocupada com o que falou e se falou bem o bastante; acha que alguém mais experiente teria dito coisas melhores ou mais interessantes.
>
> Para combater essa sensação, passou a ler constantemente tudo o que encontra na internet acerca de imóveis. Tornou-se obsessiva em ter certeza de que conhece tudo, mas sente que não sabe e nunca saberá tudo, reforçando, assim, o sentimento de impostura. No trabalho, acha que, por ser considerada a *expert*, tem de saber tudo e não ousa pedir ajuda; se o fizesse, todos perceberiam que é uma impostora. Ela fica buscando cursos e eventos de atualização para se tornar a "especialista" que todos já pensam que é.

Que tipo de impostor(a) é você?

Agora que examinamos cinco tipos básicos de impostor(a), pode ser útil tentar identificar qual deve ser o seu. Talvez já tenha uma ideia depois de ler as descrições acima, mas o questionário a seguir irá ajudá-lo, se não tiver certeza, ou poderá consolidar sua impressão inicial.

Repito que não se trata de um instrumento de diagnóstico, mas o questionário levará você a entender um pouco mais como se desenvolveram os seus sentimentos de impostura (se é que os tem); é um primeiro passo para aprender métodos e estratégias de lidar com a SI apresentados ao longo do livro.

Com quais dessas afirmações você concorda? Marque todas as pertinentes	
Para mim é importante que, se vou fazer algo, eu o faça com perfeição.	A
Sinto-me bem assumindo vários papéis, se é que posso fazê-los bem.	B
Se não consigo fazer bem alguma coisa da primeira vez, desisto.	C
Prefiro fazer as coisas por conta própria, sem ajuda.	D
Não conheço bastante as coisas em que me julgam especialista.	E
Se cometo erros, fracassei.	A
É importante para mim ter muita coisa a fazer e que faça bem todas elas.	B
Se tenho que batalhar por alguma coisa é porque não a faço bem.	C
Se tiverem que me ajudar vão saber como, no fundo, sou incompetente.	D
Tenho que ler e estudar para saber tudo da minha área.	E
Se não consigo fazer algo com perfeição, não deveria fazê-lo.	A
As pessoas me admiram porque faço muitas coisas diferentes.	B
Se tenho que me esforçar para fazer algo é porque não sou bom/boa nisso.	C
O sucesso só vale quando é alcançado por conta própria.	D
Outras pessoas sabem muito mais do que eu.	E
Acho difícil largar um projeto e dá-lo por concluído.	A
As pessoas muitas vezes se perguntam como consigo fazer tanta coisa.	B

Com quais dessas afirmações você concorda? Marque todas as pertinentes	
Sempre achei o sucesso realmente fácil.	C
Estou acostumado(a) a fazer as coisas por conta própria.	D
As pessoas parecem pensar que sei mais do que na verdade sei.	E
Se consigo algo, provavelmente era bastante fácil e qualquer um poderia fazê-lo.	A
Se a minha vida não vai bem em algum ponto, sinto-me um fracasso.	B
As pessoas sempre parecem supor que sou um gênio.	C
A sensação de realização é maior se tenho sucesso sem ajuda de ninguém.	D
Não tenho os talentos e capacidades que atribuem a mim.	E

Como calcular a pontuação

Some as letras que você mais assinalou e use a seguinte tabela para ver o que isso significa. Atenção: observe que alguns impostores oscilam em mais de um tipo de impostura. Por exemplo, você pode ser um(a) especialista e pessoa forte ao mesmo tempo.

Mais A	Perfeccionista
Mais B	Super-homem/Mulher Maravilha
Mais C	O gênio natural
Mais D	A pessoa forte
Mais E	Especialista

Esses tipos serão por vezes referidos nos capítulos que seguem à medida que formos investigando como se desenvolve a Síndrome do Impostor e o que podemos fazer para transformar os sentimentos de impostura e as dúvidas sobre nós mesmos de modo a ganhar autoconfiança.

2

POR QUE TANTOS DE NÓS SE TORNAM IMPOSTORES
O PAPEL DA SOCIEDADE

No capítulo 1 abordamos algumas das razões mais de ordem "histórica" que podem levar as pessoas a desenvolverem a Síndrome do Impostor, tais como circunstâncias familiares e eventos ligados ao estilo de vida. Este capítulo vai focalizar o papel da sociedade e as prováveis razões psicológicas que podem tornar algumas pessoas suscetíveis à sensação de serem uma fraude ou farsa. Examinaremos uma série de fatores que devem contribuir para o fato de a SI ser tão comum hoje em dia, tais como o impacto da mídia ou redes sociais sobre a autoestima e as expectativas societárias de um dos grupos mais em risco, a chamada Geração do Milênio.

Compreender esses fatores vai ajudar você a descobrir por que passou a ter a sensação de impostura e ver que isso não é culpa sua; ter SI não é uma falha ou fraqueza. Ao contrário, a sociedade atual parece estimular a síndrome, de modo que não é de se surpreender que tantos a manifestem.

Depois de compreender as causas da nossa própria síndrome, poderemos analisá-la em grupos específicos, como: mulheres, homens, pais e filhos, e em meios específicos, como: ambiente de trabalho e a esfera social; isso é o que faremos nos capítulos subsequentes, junto com estratégias e dicas para enfrentar essas ideias e sentimentos.

O papel vital da autoestima

Uma das causas subjacentes fundamentais da Síndrome do Impostor está provavelmente relacionada à baixa autoestima, à autoconfiança reduzida e à pouca fé da pessoa em si mesma. Toda a razão de ser do impostor é não se sentir bom o bastante; é a baixa autoestima, a falta de confiança e de crença em si mesmo que o leva a ter esse tipo de conclusão.

Muitas vezes essa sensação de não ser boa ou bom o bastante (Para o que ou quem?) provém da infância e é internalizada como uma "crença profunda". São crenças ou valores sobre si que se aprendem com os outros e inconscientemente passam a fazer parte da natureza da pessoa.

QUAL A DIFERENÇA ENTRE AUTOESTIMA, AUTOCONFIANÇA E FÉ EM SI MESMO(A)?

A *autoconfiança* está ligada ao que sentimos que sabemos fazer – somos bons nisso – e *fé em nós mesmos* refere-se ao que achamos ser verdade a nosso respeito. Já a *autoestima* é como nos vemos de maneira geral, não sob prismas específicos; tem a ver com os níveis de aceitação, aprovação e valorização de nós mesmos. Ter baixa autoestima é pensar negativamente a respeito de nós.
Por exemplo, posso ter baixa *autoconfiança* na minha capacidade de vencer uma corrida de 100 metros. A crença ou *fé em mim mesma* aqui é que não sou muito boa em corrida. Mas isso não precisa afetar

minha *autoestima* – ainda posso pensar bem a meu respeito e ver que minha capacidade (ou incapacidade) de correr não afeta o meu valor, o meu brilho e minhas qualidades pessoais.

Por outro lado, poderia afetar a minha *autoestima* se eu achasse que correr é essencial para o meu valor como pessoa. Talvez minha identidade esteja intimamente ligada à capacidade de correr; talvez eu tenha sido atleta no passado e, nesse caso, não ser mais capaz de ganhar hoje uma corrida pode me fazer sentir desvalorizada e afetar minha *autoestima*.

A *autoestima* tem duas faces: uma "geral", de caráter estável, e outra "circunstancial", que pode mudar de acordo com a situação. Assim, minha autoestima geral pode ser elevada – sinto-me geralmente bem em relação a mim mesma –, mas circunstancialmente baixa quando faço uma festa, por exemplo; situação específica na qual não me sinto muito à vontade.

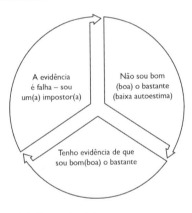

O ciclo de autoestima do(a) impostor(a)

Claro, para todo mundo é normal às vezes ter dúvida em relação a si próprio, não se sentir confiante. Na verdade, ser superconfiante também é considerado um problema e tem até nome; é o efeito Dunning-Kruger, um veso cognitivo ou mental de superioridade, uma constante incapacidade ou indisposição de reconhecer a própria ignorância ou falta de competência (cf. mais sobre isso na p. 95).

Mas a baixa autoestima constante não é uma condição saudável. Com frequência leva a sentimentos de inferioridade, desesperança, tristeza e depressão, podendo até predispor ao suicídio[21]; está comprovado que ela tem uma forte relação com a Síndrome do Impostor.

O ciclo da autoestima na SI é óbvio. Se você tem uma opinião negativa sobre si, não vai achar que faz nada bem o bastante. Se há evidência do contrário, você ficará, então, num estado de dissonância cognitiva (cf. p. 31), lutando com duas crenças contraditórias sobre si. Para superar essa sensação desconfortável você tem de mudar sua cognição (ou crença); ou pode mudar sua *crença profunda* de "não ser bom(boa) o bastante" ou sua cognição de ter a evidência de sê-lo. Crenças profundas são muito difíceis de serem mudadas, de forma que em geral é mais fácil trocar a crença de que "há evidência de que sou bom(boa) o bastante" por algo oposto: "a evidência não pode receber crédito". O que pode acontecer devido aos tipos de impostura descritos no capítulo 1, como pensar que "só consegui isso por sorte, de modo que sou mesmo um(a) impostor(a)".

Mas se a SI é causada em parte pela baixa autoestima, o que gera, para início de conversa, essa baixa autoestima? Muitas razões podem ser aventadas como responsáveis pelo desenvolvimento dessa crença profunda de "não ser bom(boa) o bastante". Entre elas, temos:

- *Pais (ou outras figuras em posição de autoridade) desaprovadores* – Crianças criticadas por não fazerem as coisas direito podem internalizar essa crença. Mesmo que a desaprovação

---

21. EGWURUGWU, J.N.; UGWUEZUMBA, P.C.; OHAMAEME, M.C.; DIKE, E.I.; EBERENDU, I.; EGWURUGWU, E.N.A.; OHAMAEME, R.C. & EGWURUGWU, U.F. (2018). "Relationship between Self-Esteem and Impostor Syndrome among Undergraduate Medical Students in a Nigerian University". In: *International Journal of Brain and Cognitive Sciences*, 7 (1), p. 9-16.

seja apenas sobre um aspecto da vida (p. ex., a aparência física ou as habilidades matemáticas), isso pode se generalizar para outras áreas. Assim, "não sou bom(boa) em matemática" pode virar "não sou bom(boa) em nada".

• *Pais supercontroladores* – Isso também poderá levar à baixa autoestima, pois a criança provavelmente crescerá sentindo que não consegue fazer as coisas por si mesma. Em pesquisa com estudantes universitários britânicos descobriu-se que aqueles que diziam ter pais controladores e protetores também tendiam a adquirir níveis de impostura mais altos[22]. De modo semelhante, uma pesquisa australiana de 2006, feita com uma ampla gama de profissionais, descobriu que índices mais altos numa escala de impostura estavam ligados a relatos sobre um pai superprotetor[23]. Acredita-se que filhos de pais superprotetores seriam mais propensos a atribuir o próprio sucesso ao envolvimento dos pais do que a suas próprias qualidades, sentindo-se como fraudes quando são elogiados.

• *Falta de atenção dos responsáveis* – Ser criada sem a adequada atenção e orientação de pais ou responsáveis pode dar à criança a sensação de que não merece essa atenção ou que, seja lá o que faça, não vale a pena ser notada.

• *Intimidação* – A intimidação ou *bullying* pode ter um efeito altamente negativo na autoestima em formação de uma criança, especialmente se ela não dispõe na vida de outras figuras que lhe deem fortes mensagens positivas e de aprovação que se oponham aos sinais intimidadores que sofre com o *bullying*.

---

22. JARRETT, C. (2010). "Feeling like a fraud". In: *The Psychologist* [Disponível em https://tehpsychologist.bps.or.uk/volume-23/edition-5/feeling-fraud].

23. Ibid.

- *Mau aproveitamento escolar* – Ter um desempenho ruim na escola pode levar a uma baixa autoestima, pois a criança ouve repetidas avaliações de que "não é boa". Tirar notas baixas ou precisar de ajuda extra nos estudos equivale a uma mensagem de "não ser bom(boa) o bastante", em especial quando as boas notas são altamente valorizadas.

- *Crenças religiosas* – Meninos e meninas que crescem sentindo estar pecando ou ter pecado podem por vezes começar a acreditar que não são dignos do amor de Deus.

- *Comparação desfavorável com os outros* – Isso geralmente se refere a comparações com irmãos, mas também pode se aplicar a comparações com outras pessoas, inclusive amigos.

- *Comparação social* – Às vezes não são os outros que fazem comparações, mas a própria pessoa. As redes de mídia social têm muito a ver com isso, quando traça comparações sociais não saudáveis, o que será discutido no final deste capítulo.

- *Aparência* – Nossa aparência pode ser um grande fator no desenvolvimento saudável (ou não) da autoestima. Pessoas que não gostam da própria aparência facilmente poderão transformar a sensação "não tenho boa aparência" em "não sou bom(boa) o bastante".

- *Abuso* – Crianças que sofrem abuso podem crescer acreditando que merecem ser tratadas mal porque não são dignas de nada melhor. O que também se aplica a adultos vítimas de abusos.

Voltaremos a questões de autoestima no capítulo 6, sobre paternidade e maternidade, no qual veremos como minimizar o risco de os filhos desenvolverem a Síndrome do Impostor.

Mania de justificação e Síndrome do Impostor

Todos os fatores discutidos acima podem levar ao desenvolvimento de formas ou *padrões de pensamento* passíveis de contribuir para o aparecimento da SI. Um desses padrões tem a ver com uma maneira de pensar a chamada *mania de justificação*.

A mania de justificação está relacionada a erros que sempre cometemos, uma tentativa de encontrar razões para nossos próprios comportamentos ou os dos outros. Sempre procuramos entender por que as pessoas à nossa volta fazem certas coisas, conseguem outras, ganham ou perdem – é tudo parte da nossa busca de compreensão do mundo. Por exemplo, se vai mal numa entrevista de emprego, você tanto pode culpar a si mesmo(a) por não ter se preparado direito (tendência a que se dá o nome de *culpabilização interna*, por colocar a culpa na própria pessoa) ou culpar o entrevistador por fazer perguntas muito difíceis (*culpabilização externa*, por colocar a culpa em outra pessoa ou alguma coisa exterior).

Como explicar o próprio desempenho com culpabilização interna ou externa

Claro, às vezes a justificação interna ou externa pode ser correta, mas se tendemos a explicar sempre o que acontece conosco apenas pondo a culpa em algo exterior (é sempre culpa de outra pessoa) ou somente em nós mesmos (é sempre nossa culpa), então nossos padrões de pensamento provavelmente estão distorcidos e não ajudam em nada – e são classificados como errôneos.

Podemos ter diversos tipos de pensamentos errados ao tentar entender o comportamento humano e os chamamos de erros de justificação.

A justificação errônea que leva à Síndrome do Impostor está provavelmente ligada à *culpabilização interna ou externa* explicada acima. A maioria dos não impostores tende a atribuir os próprios *sucessos* a fatores internos (p. ex., algo a ver com os próprios talentos, capacidade ou esforço) e os *fracassos* a fatores externos (fora de seu controle pessoal). Por exemplo, se você não passa num exame de motorista culpa o examinador por ser exigente demais, mas se passa atribui o sucesso ao fato de ter praticado bastante. Chama-se a isso "distorção em causa própria".

Na Síndrome do Impostor, porém, ocorre o contrário. Os sucessos são atribuídos a fatores externos fora do controle pessoal, como a sorte ou um erro alheio, enquanto os fracassos são atribuídos a falhas próprias (eu deveria ter me dedicado mais).

Justificação dos sucessos		Justificação dos fracassos	
Não impostor	Impostor	Não impostor	Impostor
Tive sucesso por meus próprios esforços ou capacidade (atribuição interna)	Tive sucesso por razões que nada têm a ver com meus próprios esforços ou capacidade (atribuição externa)	Não foi por culpa minha que fracassei (atribuição externa)	Fracassei por culpa minha (atribuição interna)

Além das atribuições internas ou externas, há outros dois fatores a serem considerados quando atribuímos algum comportamento ou resultado a determinada causa. Primeiro definimos se o comportamento ou resultado em questão é estável ou instável; depois, se é controlável ou incontrolável.

Estável	Se você acha que o resultado é estável, então é provável que da próxima vez seja igual. "Não importa o esforço que eu faça, vou fracassar de novo."
Instável	Se, ao contrário, é instável, o resultado provavelmente será diferente em uma outra ocasião. "Vou me esforçar bastante da próxima vez e devo ter sucesso."
Controlável	Você pode alterar ou influenciar o resultado se quiser. "Se eu me preparar para a entrevista, terei mais chance."
Incontrolável	Você não pode facilmente alterar o resultado. "Não importa se me preparar ou não; vai depender inteiramente do que decidirem me perguntar."

Os impostores tendem a atribuir o próprio sucesso a fatores estáveis, externos e incontroláveis. Por exemplo: "Foi pura sorte ter recebido essa promoção (justificação externa). Não a mereci nem serei merecedor (atribuição estável). Consegui essa promoção por fatores fora do meu controle (atribuição incontrolável)".

Os estilos de justificação se desenvolvem no início da adolescência, quando os jovens começam a fazer generalizações de comportamentos específicos, a formar um senso de valor próprio e a fazer comparações sociais. Começam a aprender como inferir e a praticar inferências em resposta a eventos vividos na infância, particularmente se negativos. Esse processo de aprendizado é influenciado tanto por aspectos internos, como a personalidade do jovem, quanto externos, como o estilo dos pais.

Por exemplo, se uma criança ouve os pais atribuindo eventos positivos a fatores externos (dizendo coisas como: "Que sorte você teve em ganhar o concurso de poesia!"), pode internalizar esse estilo de justificação e passar a copiá-lo. Pesquisas também mostram ligação entre as críticas verbais que os pais fazem aos filhos e a tendência que estes adquirem de se culpabilizarem por eventos negativos ("foi culpa minha isso ter acontecido"). Com o tempo, esse tipo de justificação é internalizado e se torna a norma, levando a um estilo de justificação negativa relativamente estável.

Com os impostores ocorre não apenas a autoculpabilização por eventos negativos como também a justificação externa por eventos positivos. O que pode se desenvolver no processo de crescimento quando o(a) jovem busca também uma explicação para sucessos inesperados. Por exemplo, se não tem o rótulo de mais inteligente da família, então o sucesso escolar deve ser explicado mais por fatores externos que internos ("foi mais por sorte do que por inteligência").

O papel das redes sociais

Como já dissemos, cerca de 70% das pessoas experimentam a Síndrome do Impostor em algum momento da vida – e a comparação social contínua e instantânea que as redes sociais permitem no mundo de hoje pode ter um grande papel nisso; é interessante notar que 62% das pessoas dizem que as redes sociais geram nelas um sentimento de insatisfação com sua vida ou realizações[24].

As redes sociais eletrônicas são uma grande plataforma que oferece muitos benefícios, mas que apresentam também grandes desvantagens. Podem contribuir para a Síndrome do Impostor de algumas maneiras, por exemplo:

24. CURTIS, S. (2014). "Social media users feel 'ugly, inadequate and jealous'". In: *The Telegraph* [Disponível em https://www.telegraph.co.uk/technology/social-media/10990297/Social-media-users-feel-ugly-inadequate-and-jealous.html].

As pessoas postam pontos altos e editados de suas vidas

Um grande problema das redes sociais é que, no geral, só vemos ali as coisas maravilhosas que os outros fazem e alcançam, omitindo-se tudo o que é mundano ou absolutamente miserável na vida. Estudos recentes revelaram que usuários habituais do Facebook acreditam que outros usuários são mais felizes e têm mais sucesso do que eles, especialmente quando não os conhecem bem fora do ambiente eletrônico[25]. Talvez seja por isso que 60% dos usuários de redes sociais dizem ter inveja da vida dos amigos[26]. Todo mundo tenta se apresentar como uma pessoa notável, o que significa que o marco para o sucesso é simplesmente alto demais; gabamo-nos e fazemos postagens sobre o nosso próprio sucesso e o dos nossos filhos a tal ponto que parece já não existir mais uma média, muito menos algo abaixo da média.

Mas nem todo mundo pode ser tão especial assim e, com certeza, pelo menos não o tempo todo. Só nos resta ficar admirando o que é especial nos outros e nos sentindo por baixo. Mas a SI não tem a ver apenas com sentimentos de inferioridade. Tem a ver com a sensação de ser uma farsa, uma fraude – e as pessoas que se gabam nessas postagens podem estar sofrendo tanto ou mais do que aquelas que as leem.

Para cada postagem gabando-se de uma vida fantástica poderia haver umas cem sobre aspectos nada impressionantes (mas que nunca são postadas, claro). Quer dizer que as pessoas que se gabam nessas postagens estão cuidadosamente cultivando uma imagem de sua própria perfeição – que sabem, no fundo, não corresponder à realidade. Pesquisas indicam que usuários do Facebook ficam cada

---

25. "Social media use and self-esteem". In: *New York Bahavioural Health* [Disponível em http://newyorkbehavioralhealth.com/ social-media-use-and-self-esteem].

26. Cf. nota 24.

vez mais deprimidos ao se comparar não apenas aos outros, mas também ao próprio perfil[27]. Quando a realidade de uma pessoa não bate com a luminosa imagem ilusória que traça de si mesma no seu perfil digital, ela se sente uma impostora. Sente-se uma fraude porque, efetivamente, é uma fraude. Está postando pontos altos de sua vida e editados, para que todos pensem que leva uma existência encantadora. Claro, ela sabe que não é bem assim; por isso se sente uma impostora. Uma pessoa que reconheceu a defasagem entre a sua luminosa imagem ilusória e a realidade foi uma ex-estrela do Instagram, Essena O'Neill, que aos 18 anos tinha mais de 600.000 seguidores, em 2015. Aí publicamente decidiu apagar todas as suas contas de mídia social depois de admitir que a imagem de um estilo de vida de "perfeição fictícia" muitas vezes levava horas para ser montada e que essa farsa estava deixando-a profundamente infeliz[28].

Esforço e luta para atingir o sucesso são omitidos

As redes sociais viraram uma forma de nos apresentarmos quase como uma marca comercial, tendendo a exagerar nossas realizações, mas a minimizar a luta e o trabalho árduo que foram necessários para chegar lá. Isso pode criar o tipo de impostor descrito no capítulo 1 como gênio natural (cf. p. 45); vemos a postagem de uma pessoa amiga mostrando a fabulosa obra de arte que criou, mas não vemos as 12 tentativas frustradas que destruiu antes de con-

---

27. SILVA, C. (2017). "Social Media's impact on self-esteem". In: *Huffington Post* [Disponível em https://www.huffingtonpost. Com/entry/social-medias-impact-on-self-esteem_us_58ade038e4b0d818c4f0a4e4].

28. HUNT, E. (2015). "Essena O'Neill quits Instagram claiming social media 'is not real life'". In: *The Guardian* [Disponível em https://www.theguardian.com/media/2015/nov/03/instagram-star-essena-oneill-quits-2nd-life-to-reveal-true-story-behind-images].

cluí-la. Se decidimos também criar algo parecido e nossa primeira tentativa não tem o mesmo brilhantismo, achamos que jamais poderíamos fazer algo tão bom quanto o que vimos no Facebook.

Comparação social com imensa diversidade de pessoas

Temos uma necessidade básica, como seres humanos, de nos comparar aos outros. É do instinto natural julgar nosso progresso ou sucesso na vida por comparação a outras pessoas; é o que o psicólogo Leon Festinger descreveu na década de 1950 em sua "teoria da comparação social". Isso serve a muitas e diferentes funções, tais como satisfazer as necessidades de filiação (construção e manutenção de relações sociais), fazer uma avaliação do eu (ver se estamos nos saindo bem), tomar decisões (checando a opinião dos outros) ou buscar inspiração (p. ex., na decoração da casa de alguém) etc.[29]

Na época em que não havia redes de mídia social e internet e mesmo bem antes, quando não havia transporte fácil e barato, as pessoas viviam em meio àquelas com quem socializavam, e moravam em bairros habitados por gente que levava uma vida semelhante à delas. Nossos vizinhos moravam em casas semelhantes às nossas, aproveitavam o tempo de lazer e criavam a família de forma semelhante às nossas. Todas as crianças provavelmente frequentavam as mesmas escolas e as pessoas trabalhavam nas mesmas empresas ou fábricas. Nessa época, os parâmetros sociais eram medidos por gente de mentalidade semelhante. Sim, as pessoas tinham consciência das diferenças de classe, sabiam das pessoas ricas que moravam em casas maiores do outro lado da cidade e que levavam vida diferente das delas, mas era uma comparação social vaga. Sabiam das celebridades, da realeza e das estrelas de cinema com sua vida glamorosa, mas eram existências bem distantes das que elas

---

29. Cf. nota 25.

próprias levavam. Tendiam a se comparar mais com gente semelhante a si mesmas, e, assim, não ficavam tão atrás.

Hoje é muito diferente. A geração do Facebook, do Twitter e do Instagram pode ser comparada a uma diversidade de pessoas que antes era impensável. Não apenas celebridades, que parecem ter-se multiplicado de modo exponencial, mas também amigos, conhecidos e colegas de trabalho mais ricos. Nas gerações anteriores, seria impossível de fato esbarrar com essas pessoas. Agora, elas e seus estilos de vida podem estar diante de nós constante e continuamente.

Podemos nos comparar com uma enorme quantidade de pessoas de maneira desfavorável. Pesquisas indicam que aproximadamente 88% das pessoas fazem comparações sociais no Facebook e que parcela impressionante (98%) das comparações é com escalões sociais superiores[30]. Isso significa que nos comparamos a pessoas que achamos estarem acima de nós e têm características positivas, em vez de comparações com escalões inferiores, com pessoas que achamos estarem abaixo de nós e têm características negativas. Podemos estar felizes e satisfeitos com nossos modestos sucessos, mas comparados nas redes sociais aos sucessos de gente "superior", os nossos parecem de repente insignificantes, passando a dar a impressão de falsos. Podemos nos sentir como impostores simplesmente fingindo ser bem-sucedidos. Comparados às verdadeiras pessoas de sucesso, somos uma farsa.

A comparação social é instantânea e invasiva

Quando se trata de rede social não conseguimos escapar das comparações sociais. Elas nos seguem por toda a parte. A não ser que a gente decida se desconectar, o que os outros destacam nas re-

---

30. JAN, M. & ANWAR SOOMRO, S. & AHMAD, N. (2017). "Impact of social media on self-esteem". In: *European Scientific Journal*, 13, p. 329-341.

des eletrônicas nos é enfiado goela adentro sem parar. Esse gotejar constante pode bem ter um efeito mais danoso que a comparação social experimentada ocasionalmente pelas gerações anteriores; antigamente, as pessoas podiam ler sobre a vida dos ricos nos jornais diários, seguindo depois a sua rotina normal sem pensar mais nisso até a edição do dia seguinte. Agora, claro, o negócio é constante, pois vamos atualizando continuamente as informações eletrônicas e ficamos conectados o tempo todo. Segundo uma pesquisa, hoje checamos o nosso celular em média a cada 12 minutos, com o grupo etário abaixo de 35 anos fazendo isso a cada 8,6 minutos[31].

Em busca dos *likes*

Uma das características das redes sociais eletrônicas é como estimulam as pessoas a buscar validação para seus pontos de vista, opiniões e estilos de vida. Podemos medir a aprovação societária que nos dão pelo número de *likes* ou *retweets* – isto é, aplausos e recirculação – que nossas postagens recebem. Isso já foi rotulado de "validação da vaidade". E não apenas a baixa validação é capaz de diminuir a autoestima: já descobriram que é mais provável as pessoas de baixa autoestima serem afetadas negativamente por não terem a validação que procuram ao postar nas redes sociais eletrônicas. Torna-se um círculo vicioso: quanto mais baixa a autoestima, mais propensos ficamos à Síndrome do Impostor. Além disso, podemos também agora facilmente medir a validação que recebemos de outras pessoas de uma maneira que jamais foi possível antes das redes sociais eletrônicas. Não apenas podemos ver de um relance quantas pessoas temos em nossas próprias redes – e quantos *likes*, comentários e *retweets* recebemos –, como também podemos ver

---

31. HYMAS, C. (2018). "A decade of smartphones: We now spend an entire day every week online". In: *The Telegraph* [Disponível em https://www.telegraph.co.uk/news/2018/08/01/decade-smartphones-now-spend-entire-day-every-week-online/].

isso na rede de qualquer outra pessoa. E essa interação é vista como uma medida de sucesso; quanto mais reconhecimento uma pessoa tem, mais popular, sociável e bem-sucedida é considerada (e mais evidência temos de que nos encontramos bem atrás)[32].

Expectativa social e SI da geração do milênio

A geração do milênio, também conhecida como Geração Y ou *Millenials*, é o grupo demográfico formado pelas pessoas nascidas entre o início da década de 1980 e meados da década seguinte; portanto, as que atingiram a maioridade no início do século XXI. Esse grupo é considerado o mais suscetível à Síndrome do Impostor, não apenas em função dos avanços tecnológicos e do progresso digital ocorridos em seu período de vida (é a primeira geração a viver desde o primeiro dia a rotina normal de trabalho com a internet e o e-mail), das pressões societárias e das comparações nas redes sociais, mas também por causa dos pais[33].

Ao contrário da geração anterior, a do milênio foi criada como uma espécie de "troféu" pelos pais, que valorizaram os filhos em excesso. Num estereótipo, essas crianças foram as que começaram a receber prêmios por mera participação, quando a sociedade passou a considerar os efeitos de não ser um vencedor sobre a autoestima frágil, ainda em formação. Essa caricatura faz supor que qualquer pessoa em torno de 40 anos ou menos tem uma coleção de troféus e medalhas ganhos com muito pouco esforço se compararmos aos pais dessa geração, que tiveram que dar duro para ter prêmios e honras semelhantes. Isso explica por que um jornal britânico la-

---

32. Cf. nota 25.

33. CARTER, C.M. (2016). "Why so many Millenials experience Imposter Syndrome". In: *Forbes* [Disponível em https://www. forbes.com/sites/christinecarter/2016/11/01/why-so-many-millenials-experience-imposter-syndrome/ #782a89d46aeb].

mentou recentemente que a geração do milênio está lutando para se adaptar ao mundo real, uma vez que sua experiência foi "ganhar medalhas por chegar em último lugar"[34].

Isso pode levar os indivíduos dessa geração a uma grande confusão. Por um lado, ouvem dizer que são um sucesso, e facilmente ganharam medalhas para provar isso. Mas, por outro lado, esses prêmios parecem dar testemunho de sua farsa; o sucesso real requerido pelos pais não se reflete nesses "troféus por participação". De acordo com a Associação Psicológica Americana, isso aumenta o risco de sentimentos fraudulentos[35]. É de admirar que essa geração esteja desenvolvendo a Síndrome do Impostor?

Tudo isso provavelmente faz da geração do milênio a que sente ter mais a provar. Segundo a revista *Time*, indivíduos da geração do milênio dizem se sentir mais incapazes, pressionados e julgados como pais do que as duas gerações anteriores; a da explosão de natalidade após a Segunda Guerra Mundial (a dos *baby boomers*, ou grandes produtores de bebês, entre 1946 e 1964) e a chamada Geração X (dos nascidos entre meados dos anos de 1960 e o início da década de 1980)[36]. Voltaremos a abordar a relação entre os milênios e a SI. E quem sabe o que acontecerá com a Geração Z, a geração dos que nasceram entre meados dos anos de 1990 e de 2010? Ainda precisamos ver se também acabarão sendo uma geração de "impostores" ou se a consciência cada vez maior do fenômeno lhes dará alguma proteção.

34. HOSIE, R. (2017). "Millenials struggle to cope at work". In: *The Independent* [Disponível em https://www.independent.co.uk /life-style/millenials-struggling-work-careers-because-their-parents-gave-them-medals-for-coming-last-simon-a 7537121.html].

35. WEIR, K. (2013). *Feel like a fraud?* – American Psychological Association [Disponível em http://www.apa.org/gradpsych/ 2013/11/fraud.aspx].

36. STEIN, J. (2013). "Millenials: the me me me generation". In: *Time Magazine* [Disponível em http://time.com/247/millenials-the-me-me-me-generaion/].

Até agora examinamos as razões pelas quais tantos são propensos à Síndrome do Impostor e quais os diferentes tipos desta. A partir daqui investigaremos grupos demográficos específicos para verificar o risco e a disseminação da Síndrome do Impostor em cada um deles.

3

TRABALHO FEMININO
O SURGIMENTO DA SI

O conceito da Síndrome do Impostor foi criado em relação ao trabalho feminino[37] e, de fato, sempre esteve mais intimamente ligado às mulheres. Acreditava-se de início que a síndrome só afetasse o gênero feminino; mas, como veremos no próximo capítulo, muitos homens também são afetados. Na verdade, foi muito difícil para mim encontrar dados realmente consistentes que sustentassem a alegação (feita nos anos de 1970, na discussão inicial sobre a síndrome) de que as mulheres são mais afetadas do que os homens, embora haja bastante evidência indicando que as mulheres são menos confiantes em seus locais de trabalho – especialmente em setores dominados por homens – e ganham menos do que os colegas masculinos, como veremos ao longo deste capítulo. O capítulo seguinte discutirá o impacto cada vez mais reconhecido da síndrome nos homens; mas por enquanto examinaremos o fenômeno como

---

37. CLANCE, P. & IMES, S. (outono de 1978). "The imposter phenomenon in high achieving women: dynamics and therapeutic intervention" [PDF]. In: *Psychotherapy*: Theory, Research & Practice, 15 (3), p. 241-247.

experiência feminina e buscaremos explicações sobre por que se acredita que afete tanto as mulheres.

Disseminação da SI entre mulheres no trabalho

Em todas as discussões sobre SI, as mulheres sempre têm representação muito maior que os homens. Jessica L. Collett, socióloga da Universidade de Notre Dame em South Bend, Indiana, afirmou: "Embora tanto homens quanto mulheres sofram da Síndrome do Impostor, ela afeta mais mulheres do que homens..." e "as mulheres se sentem impostoras com mais frequência do que os homens", sendo mais prejudicadas por ela[38]. No entanto, encontrar dados consistentes que evidenciem isso é surpreendentemente difícil.

Um estudo sobre trabalhadores do setor de tecnologia que apresentou dados consistentes indicava que 50% das mulheres pesquisadas experimentavam com frequência a Síndrome do Impostor, contra 39% dos homens[39]. Mas essas mulheres estão num setor tradicionalmente masculino, de modo que os dados podem não representar a média dos trabalhadores; como dissemos no capítulo 1, pessoas que trabalham num setor em que seu gênero é subrepresentado tendem a ser mais suscetíveis à SI.

Por muito tempo a SI foi "a ansiedade da moda no local de trabalho"[40] para as mulheres, e provavelmente ainda o é. Se você buscar na internet por Síndrome do Impostor, vão aparecer

---

38. PRICE, M. (2013). "Imposters downshift career goals". In: *Science* [Disponível em http://www.sciencemag.org/careers/2013/09/impostors-downshift-career-goals].

39. PRATINI, N. (2018). "The truth about imposter syndrome amongst tech workers". In: *Hired* [Disponível em https://hired.com/blog/candidates/truth-imposter-syndrome-tech-workers/].

40. ANDERSON, L.V. (2016). *Feeling Like An Impostor Is Not A Syndrome* [Disponível em http://www.slate.com/articles/business/the_ladder/2016/04/is_impostor_syndrome_real_and_does_it_affect_women_more_than_ men.html].

centenas de artigos, a maioria invariavelmente sobre mulheres. O conceito certamente foi adotado por muitos que o veem em parte como explicação para o fracasso das mulheres em alcançar paridade com os homens nos locais de trabalho em termos de *status* e remuneração. (Mesmo hoje, no Reino Unido, as mulheres ocupam apenas 12% dos postos de trabalho, que pagam £ 150 mil ou mais por ano[41].)

Supõe-se que as mulheres mais em risco são as especialmente bem-sucedidas, tais como empresárias e mulheres de negócios, as que trabalham em áreas predominantemente masculinas (ciência e tecnologia, p. ex.) e as que ocupam funções tradicionalmente relacionadas aos homens, como os cargos de chefia em geral. Sheryl Sandberg, executiva do Facebook, disse no seu livro *Lean In*, grande sucesso de vendas sobre o trabalho feminino, que "[a]pesar de serem grandes realizadoras... parece que as mulheres não conseguem abalar a impressão de que é apenas uma questão de tempo até serem desmascaradas como as pessoas que realmente são... impostoras com talentos e capacidades limitados"[42]. O que pode levar às seguintes percepções e sentimentos:

- Esse não é o meu lugar, *ou* não me encaixo aqui, não sirvo para isso.
- Não sou como os outros que estão aqui.
- Não sou como as outras mulheres.
- Talvez eu esteja aqui apenas porque eles precisavam de uma mulher para mostrar "inclusão".

---

41. VALE, J. (2017). "Gender pay gap". In: *The Independent* [Disponível em https://www.independent.co.uk/news/business/news/women-jobs-careers-12-per-cent-jobs-paying-150000-per-year-income-gender-pay-gap-equality-a7537306.html].

42. SANDBERG, S. (2012). *Lean In*: Women, Work and the Will to Lead. W.H. Allen.

- Não sei o que estou fazendo aqui – Na verdade, não tenho condições, não sou qualificada (e espero, pelo amor de Deus, que não descubram isso).

Seguem três estudos de caso para ilustrar a experiência da SI em alguns dos grupos profissionais femininos de maior "risco".

A EMPRESÁRIA

De acordo com um artigo de 2017 na revista online *Entrepreneur*, "o mundo empresarial é cheio de histórias da Síndrome do Impostor. É um mundo de imprevistos e alta tensão que pode gerar isolamento. É o tipo perfeito de ambiente para as inseguranças e dúvidas em si mesmo correrem soltas"[43]. O que é ainda mais verdadeiro em se tratando de mulheres; o Monitor Empresarial de 2009 no Reino Unido, uma pesquisa com universo de 30.000 adultos, revelou que o medo do fracasso aumentou especialmente entre as mulheres[44]. É o que mostra Renee, 29 anos, com um negócio bem-sucedido de venda de geleias e molhos. Embora já não seja raro ver mulheres de negócios e tendo sucesso no empreendimento, Renee sentia que lhe davam em geral um tratamento diferente, de alguém muito incomum no ramo – uma mulher e, em especial, uma mulher jovem. Muitos, segundo ela, viam a sua firma como um *hobby* e tinha dificuldade em ser levada a sério. As mulheres de sucesso são ainda incomuns em nossa sociedade e, por serem tratadas como incomuns, começam a duvidar de si mesmas, como aconteceu com Renee. Grandes lojas passaram a comprar estoques dos seus produtos, mas mesmo assim ela achava que esse sucesso era mera sorte e que tudo terminaria assim que passasse a novidade e as pessoas percebessem que o que ela produzia não era nada tão especial.

---

43. HARBACH, J. (2017). "Eliminate the fear of imposter syndrome". In: *Entrepreneur* [Disponível em https://www.entrepreneur com/article/303423].

44. TYLER, R. (2010). "Do women fear rejection more than men?" In: *The Telegraph* [Disponível em https://www.telegraph.co.uk/finance/businessclub/8010710/Do-women-fear-rejection-more-than-men].

A TÉCNICA DE INFORMÁTICA

Naomi trabalha num setor dominado por profissionais masculinos, o de jogos eletrônicos de computador. Ela estudou Design de Jogos Eletrônicos na faculdade e era apenas uma das 2 mulheres num curso de 50 alunos. Desde então, sempre trabalhou na indústria de jogos eletrônicos e é agora gerente numa empresa de criação de jogos. Mas sofre da Síndrome do Impostor, sempre achando que não é tão boa quanto os colegas homens e sempre se indagando se não está empregada apenas para a empresa mostrar que não faz segregação de gênero. Os amigos parecem estimular essa opinião dizendo que, como única mulher, ela é protegida contra o risco da redundância, proteção que os colegas homens não teriam. O que só reforça a sua sensação de que não está ali por mérito próprio. Visão que parece ser a visão geral da sociedade; as mulheres não são boas em criar jogos e montar códigos eletrônicos. Por isso, ela sente que tem de trabalhar muito mais do que os colegas homens para provar que é capaz e, assim, dedica-se horas a fio a suas criações e nunca se sente plenamente satisfeita com um projeto novo. Enquanto os homens ficam felizes se fazem um produto "bom o bastante", Naomi preocupa-se em não desmerecer o gênero feminino entregando um jogo que não seja perfeito.

A GERENTE

Metade das diretoras ou gerentes pesquisadas pelo Instituto de Gerência e Administração manifestou dúvidas sobre o seu desempenho profissional, contra apenas um terço dos gerentes homens[45]. Uma dessas administradoras é Kelli, 38 anos, que trabalha numa SME. Acha que realmente nunca teve um modelo feminino de gerência, e que chefiar é mesmo um negócio masculino. Como claramente não tem nada de másculo, luta para ver onde se encaixa e fica o tempo todo se perguntando se está fazendo as coisas direito – não consegue comparar seu estilo de chefia ao de ninguém mais no seu nível, porque são todos homens. "Não sei se deveria copiar o estilo de comando dos homens ou criar o meu próprio", diz ela. "Acho o meu estilo feminino demais e não muito bom, mas também não vai dar certo se copiar os homens, porque não ia ficar tão masculino."

---

45. HOBBS, R. (2018). "Supporting women past imposter syndrome and into leadership". In: *HRZone* [Disponível em https:// www.hrzone.com/engage/].

Por que a SI afetaria mais mulheres do que homens de poder?

Há uma série de teorias indicando que realmente as mulheres sofrem mais da Síndrome do Impostor do que os homens. Examinemos algumas.

"Sucesso" é uma palavra masculina

De acordo com um artigo de 2009 na *Psychology Today*, o "sucesso" nas economias industriais avançadas, como a dos Estados Unidos, define-se puramente em termos masculinos[46]. O sucesso nessas economias está ligado à conquista de *status*, poder e riquezas, especialmente dinheiro. Em termos evolucionistas, essas medidas de sucesso foram comumente muito mais relacionadas a homens que receberam oportunidades do que a mulheres que não tiveram. Hoje, claro, as mulheres têm essas oportunidades, mas o sucesso ainda é medido naqueles termos que originalmente se aplicavam aos homens.

Por que não medimos o sucesso de outra maneira, por exemplo definindo-o pela boa criação materna dos filhos, pela amizade sempre disponível quando dela precisamos, pelo trabalho voluntário cuja bondade faz tanta diferença ou pelo incansável esforço em prol do bem comum da sociedade? São qualidades em geral mais femininas por tradição, mas não costumamos medir o sucesso nesses termos.

Assim, quando se aplica a mulheres o rótulo de pessoa "bem-sucedida", pode haver certo desconforto ou a sensação de que talvez, como se trata de mulheres, o termo é um tanto inadequado ou imerecido.

---

46. KANAZOWA, S. (2014). "Why do so many women experience de Imposter syndrome?" In: *Psychology Today* [Disponível em https://www.psychologytoday.com/us/blog/the-scientifics-fundamentalist/200912/why-do-so-many-women-experience-the-imposter-syndrome].

As mulheres são programadas para temer a rejeição

De acordo com essa teoria evolucionista, as mulheres são programadas para temer a rejeição mais do que os homens, e por isso são mais sensíveis às críticas ou sinais que indicam desaprovação. Isso por causa da "exogamia feminina" – a prática histórica das mulheres que atingem a puberdade e são excluídas do convívio com os seus para viver entre pessoas com as quais não têm relações genéticas, então casando-se e constituindo nova família. A história humana de exogamia *feminina* em oposição a exogamia *masculina* significa que a tendência tem sido as mulheres adultas viverem entre estranhos não ligados a elas geneticamente, enquanto os homens adultos sempre viveram entre os seus. Isso pode de certa forma explicar por que homens e mulheres respondem de forma diferente à desaprovação e à rejeição[47].

Os homens que sofriam desaprovação não precisavam realmente se preocupar com isso, pois em geral tinham a segurança de que os seus jamais os rejeitariam, por mais que fossem criticados. As mulheres, ao contrário, não estando entre parentes consanguíneos, não se sentiam tão seguras, tornando-se assim mais sensíveis à crítica e desaprovação.

Essa relíquia evolucionista deixou as mulheres mais sensíveis à rejeição e mais alertas para a percepção de sinais de estarem provocando nos outros reações de crítica e desaprovação. O que é uma condição primordial para o desenvolvimento da SI.

Baixas expectativas sociais para as mulheres

De acordo com as psicólogas que cunharam a expressão Síndrome do Impostor, as mulheres têm uma expectativa mais baixa de sucesso do que os homens devido à expectativa geral da sociedade.

---

47. Ibid.

O que leva à internalização desse "autoestereótipo" de não serem competentes; de modo que ao confrontarem a evidência de que são não apenas competentes, mas bem-sucedidas, elas atribuem esse sucesso a causas externas e temporárias (cf. cap. 1, p. 13)[48].

Essas expectativas mais baixas levam à chamada "defasagem de confiança", que significa que, apesar do sucesso e talentos que possam ter, as mulheres são mais propensas a duvidar de si mesmas do que os homens e a ter menos confiança do que eles. Em outras palavras, são mais propensas a sofrer da Síndrome do Impostor. Isso é ilustrado pelas descobertas da Professora Shelley J. Correll, do Instituto Clayman de Pesquisa sobre Gênero da Universidade Stanford, da Califórnia, segundo as quais os homens veem como sucesso níveis mais baixos de realização – por exemplo, uma nota apenas suficiente para passar num curso de cálculo –, ao passo que as mulheres veem tais níveis como fracasso e confirmação de que não são boas naquela área – em cálculo, no caso, tendo então uma tendência maior a abandonar o curso[49].

Essa diferença de confiança faz com que as mulheres sejam menos propensas a pedir aumento de remuneração e a buscar ou aceitar promoção. Talvez isso explique por que as mulheres americanas, segundo o Informe Global sobre Diferença de Gênero de 2015, recebam apenas 67% do que os homens recebem pelo mesmo trabalho[50].

E grande parte dessa socialização começa cedo. Segundo Valerie Young no seu livro *The Secret Thoughts of Successful Women*, "os

---

48. CLANCE, P. & IMES, S. (outono de 1978). "The imposter phenomenon in high achievement women: dynamics and therapeutic intervention" [PDF]. In: *Psychotherapy*: Theory, Research & Practice, 15 (3), p. 241-247.

49. Cf. nota 44.

50. JEPSON, S. (2018). "Are we women the imposters many of us think we are?" In: *Entrepreneur* [Disponível em https://www.entrepreneur.com/article/309446].

meninos são criados para blefar e exagerar. As meninas, ao contrário, aprendem cedo a desconfiar das próprias opiniões e a abafar a voz"[51]. As meninas aprendem que são julgadas mais severamente do que os meninos por todo tipo de atributos, sejam físicos ou intelectuais. Isso faz com que elas batalhem pela perfeição a fim de evitar os juízos negativos que tanto temem (cf. p. 29s.) e, como vimos nos capítulos anteriores, o perfeccionismo é um caldo de cultura ideal para a experiência da impostura.

Mesmo as meninas que conseguem escapar da infância com a autoconfiança intacta tendem a enfrentar uma barreira de crítica no mundo adulto do trabalho por incongruência de papel (cf. p. 29). Como diz Young, "[s]er mulher significa que você e seu trabalho automaticamente têm uma chance maior de serem ignorados, diminuídos, banalizados, desvalorizados ou levados menos a sério do que um homem e o trabalho dele". Isso faz com que as mulheres tenham uma autocrítica muito maior e muito mais consciência de si mesmas do que os homens; e correm, portanto, um risco muito maior da Síndrome do Impostor. Não é surpresa que as mulheres questionem seus talentos e qualidades, pois afinal é o que todos fazem: questioná-las.

A DEFASAGEM DE CONFIANÇA

Apesar dos grandes avanços em oportunidades de carreira para as mulheres, elas ainda estão atrás dos homens em matéria de pagamento e *status*. As carreiras masculinas e femininas seguem trajetórias bem diferentes. Por muito tempo acreditou-se que essa dificuldade em quebrar o telhado de vidro se devia à maternidade e à criação dos

---

51. GOUDREAU, J. (2011). "Women who feel like frauds". In: *Forbes Magazine* [Disponível em https://www.forbes.com/sites/jennagoudreau/2011/10/19/women-feel-like-frauds-failures-tina-fey-sheryl-sandberg/#3dbe59d330fb].

filhos, assim como a barreiras culturais e institucionais para o sucesso feminino. Pesquisadores que estudam o problema têm, no entanto, encontrado uma força mais sutil a manter as mulheres atrás no trabalho: a falta de confiança, em vez da sensação de competência. As mulheres sofrem mais do que os homens a convicção de que não vão se sair bem em testes e exames, de que não merecem uma promoção ou aumento de salário. Geralmente elas subestimam as próprias capacidades se comparadas aos homens.

Há evidência substancial a sustentar essas afirmações. Pesquisas de estudantes de administração descobriram que os homens tomam quatro vezes mais a iniciativa de negociações salariais do que as mulheres e que estas, quando negociam, reivindicam 30% menos do que os homens[52]. Minha própria ex-orientadora no programa de mestrado na Universidade de Manchester, Lynne Davidson, assinala que regularmente pergunta aos estudantes o que projetam ganhar nas futuras carreiras e que as mulheres sempre preveem uma remuneração 20% menor do que os homens[53].

Essa dúvida em si mesmas, essa falta de autoconfiança perpassa todos os setores do mundo profissional e é bem-ilustrada pelo caso da empresária de informática Clara Shih, que fundou a bem-sucedida organização de mídia Hearsay Social em 2009 e dois anos depois, aos 29 anos de idade, passou a integrar a diretoria da rede de cafeterias Starbucks. É uma das poucas mulheres em altos cargos executivos no Vale do Silício. Mas em 2009 ela declarou às autoras do livro *Womenomics* que se "sentia uma impostora" e mesmo na universidade estava convencida de que os outros (quer dizer, os homens) tinham mais facilidade do que ela[54].

Interessante notar que essa defasagem de confiança é maior na sociedade ocidental, onde supostamente haveria mais igualitarismo nas oportunidades para os sexos. Isso parece o oposto do que se poderia esperar, mas acredita-se que a razão é que nos países ocidentais industrializados as mulheres costumam se comparar aos homens,

---

52. KAY, K. & SHIPMAN, C. (2014). "The confidence gap". In: *The Atlantic* [Disponível em https://www.theatlantic.com/magazine/archive/2014/05/the-confidence-gap/359815/].

53. Ibid.

54. Ibid.

enquanto que em outras partes do mundo elas costumam se comparar a outras mulheres. E, ao se comparar com os homens, as mulheres invariavelmente saem perdendo, uma vez que os homens em geral ainda têm posições e salários mais altos[55]. Parece que as sociedades mais igualitárias estão, na verdade, obstando o progresso das mulheres através da limitação de sua confiança.

O sucesso é visto como não atraente em mulheres

Sandberg, a diretora executiva do Facebook, cita uma experiência realizada em 2003 com estudantes de administração aos quais se contou a história de um(a) empresário(a) de sucesso. Para metade foi dito que se tratava da empresária Heidi, para a outra metade que era o empresário Howard. Os estudantes acharam Howard simpático, talentoso e digno de respeito, enquanto Heidi foi considerada egoísta, alguém com quem não gostariam de trabalhar e cujos serviços não contratariam. Os dois perfis eram idênticos; a única diferença era o gênero. O que fez Sandberg lamentar e concluir que "o homem é mais apreciado por homens e mulheres à medida que alcança mais sucesso, ao passo que a mulher é menos apreciada por ambos os gêneros quanto mais bem-sucedida for"[56].

Da mesma forma, muitos estudos indicam que, embora nos últimos 50 anos tenha aumentado a aceitação de mulheres em posição de comando, mesmo assim ainda persistem as atitudes negativas em relação à chefia feminina. Alguns estudos mostraram, de fato, que a liderança exercida por mulheres é vista de

---

55. WARRELL, M. (2016). "For women to rise we must close the confidence gap". In: *Forbes* [Disponível em https://www.forbes.com/sites/margiewarrell/2016/01/20/gender-confidence-gap/#c43200e1efa4].

56. BARKHORN, E. (2013). "Are successful women really less likeable than successful men?" In: *The Atlantic* [Disponível em https://www.theatlantic.com/sexes/archive/2013/03/are-successful-women-really-less-likeable-than-successful-men/273926/].

modo menos favorável do que a exercida por homens: as mulheres são consideradas menos simpáticas e acabam penalizadas por adotar estilos masculinos de chefia. Em 2011, um estudo publicado pela revista *Human Relations* analisou as atitudes de 60.000 trabalhadores em tempo integral em relação a homens ou mulheres em posições de chefia. Quase metade das respostas mostrou uma inclinação de gênero, com 72% desse grupo preferindo uma chefia masculina[57].

Qual a razão disso? Bem, parece que tudo se resume ao fenômeno da incongruência de papel. Na nossa sociedade há a tradição de papéis femininos estereotipados, que em geral incluem qualidades de base comunitária voltadas para a "nutrição, os cuidados e a sensibilidade"[58]. Os papéis atribuídos ao gênero masculino são tradicionalmente muito mais ativos e mesmo agressivos, afirmativos, proativos, ambiciosos e diretos. O problema é que, quando agem de forma considerada incongruente com o seu papel de gênero, as pessoas são vistas de modo mais negativo. Uma pesquisa mostrou que, quando falam mais do que seus colegas de trabalho, os funcionários homens são considerados 10% mais competentes do que aqueles que não falam tanto. No entanto, quando funcionárias falam mais do que os colegas de trabalho, são consideradas 14% *menos* competentes[59].

Pode ser esse medo da negatividade que leva mulheres de sucesso a subestimarem os próprios esforços. Talvez atribuindo o

---

57. ELSESSER, K.M. & LEVER, J. (2011). "Does gender bias against female leaders persist? – Quantitative and qualitative data from a large-scale survey". In: *Human Relations*, 64 (12), p. 1.555-1.578.

58. Ibid.

59. "The confidence gap: why do so many of us feel like imposters at work?" In: *Prowess*, 2016 [Disponível em https://www.prowess.org.uk/the-confidence-gap-do-women-in-the-workplace-feel-like-imposters].

sucesso a fatores externos, independente de seus talentos e capacidades, não atraiam tanto negativismo. É o clássico comportamento de impostura que facilmente pode levar a mulher a não acreditar na própria competência e qualificação.

A profecia autorrealizada

As mulheres mais inseguras, mais desconfiadas da própria capacidade e com medo de serem desmascaradas vão mais facilmente transformar essas crenças, através dos seus comportamentos, em profecia autorrealizada. Por não terem confiança e não acreditarem na própria competência e talentos, são menos propensas a se expressar, tendem mais a baixar a cabeça, com medo de tomar decisões, e a ter menos ambição. O que significa que logo estarão marcando passo atrás dos colegas homens, o que, por sua vez, bem pode diminuir a sensação de estarem destoando – "veem, eu sabia que não era tão boa assim!" Mas, por outro lado, aumenta a perda de confiança, criando um círculo vicioso. O sucesso, dizem as autoras de *Womengenics*, "está tão intimamente ligado à confiança quanto à competência"[60].

Talvez essa seja uma das razões pelas quais a lista dos 500 destaques da revista americana *Fortune* em 2016 tivesse apenas 21 empresas com mulheres no comando; ou seja, as mulheres eram apenas 4,2% dos executivos-chefes (CEO) das 500 maiores empresas dos Estados Unidos[61].

---

60. Cf. nota 52.
61. TEJADA, C. (2017). "Women have less confidence than men when applying for Jobs". In: *Huffington Post* [Disponível em https://www.huffingtonpost.ca/2017/02/10/women-confidence-jobs_n_14675400.html].

> **ESTUDO DE CASO**
>
> Jessica L. Collett (cf. p. 72) e sua colega Jade Avelis realizaram uma pesquisa com 461 estudantes de doutorado da Universidade de Notre Dame, em Indiana, Estados Unidos. Metade do universo pesquisado era formado por mulheres, a maioria estudantes de Ciências[62]. A intenção era provocar respostas para saber quem se sentia impostor, especialmente dos que tendiam a "recuar" ante os desafios, dos que haviam optado por papéis fora da área nobre de pesquisa intensiva, fugindo das posições mais altas de carreira. 11% dos 17% que recuavam eram mulheres, contra 6% de homens.
>
> Surpreendentemente, a principal razão dada por essas mulheres para a timidez profissional não se relacionava a questões de família, tendo antes a ver com uma atitude de impostura. Foi o único ponto estatisticamente relevante ligado a gênero a responder por aquela timidez. Parte do estudo também incluiu pesquisa qualitativa, tendo sido colhidos alguns comentários interessantes, como: "Minha maior preocupação é me sentir competente na carreira escolhida".
>
> Outra descoberta inesperada foi a intimidação que certas mulheres sentiam ante modelos de papéis femininos de sucesso. Em vez de se inspirarem na grandeza desses modelos, sentiam-se intimidadas pelas realizações dessas pessoas e achavam que nunca poderiam aspirar ser tão boas quanto elas – outra característica de impostura. Desse estudo surgiu a especulação de que mulheres bem-sucedidas podem na verdade ser até um entrave para a ambição de outras mulheres que já se sentem impostoras.

As mulheres e o trabalho a distância

Cada vez mais pessoas estão trabalhando online: em 2014 a parcela dos que trabalhavam de casa pelo menos parcialmente no

---

62. Cf. nota 38.

Reino Unido era de 13,9% da força de trabalho nacional[63], enquanto dados dos Estados Unidos indicam que 43% dos americanos empregados em 2016 fazia pelo menos parte do trabalho a distância, um aumento de 4% em relação a 2014[64]. Trabalhar de casa ou a distância é provavelmente mais atraente para as mulheres, especialmente as mães, pois dá maior flexibilidade, facilitando a combinação do trabalho com a criação dos filhos; pesquisa mostra que empresas com trabalho a distância parecem ter uma porcentagem maior de mulheres em postos de comando do que empresas tradicionais com trabalho baseado em escritórios[65]. Acredita-se que isso ocorre porque o trabalho a distância ou remoto é inerentemente mais favorável às mulheres que estão progredindo na força de trabalho, porque é uma maneira mais flexível de trabalho para todos. Além disso, as mulheres em geral se beneficiam mais dos padrões flexíveis de trabalho por ainda provavelmente carregarem uma maior responsabilidade no cuidado com os filhos do que os homens.

No entanto, os que trabalham a distância correm mais risco de sofrerem da SI do que os que se deslocam ao local de trabalho, o que por sua vez significa também que as mulheres são desproporcionalmente mais afetadas. Mas por que os trabalhadores a distância correm mais risco da SI? Uma razão, já mencionada anteriormente, é que as possibilidades de *feedback* positivo e tranquilização são mais limitadas. Além disso, o trabalho a distância muitas vezes implica uma faixa de onda emocional estreita, simplesmente porque grande parte da comunicação não se dá cara a cara.

63. CHIGNELL, B. (2018). "10 essential remote working statistics". In: *CIPHR* [Disponível em https://www.ciphr.com/advice/10-remote-working-stats-every-business-leader-know/].

64. CHOKSHI, N. (2018). "Out of the office". In: *The New York Times* [Disponível em https://www.nytimes.com/2017/02/15/us/remote-workers-work-from-home,html].

65. "Remote companies have more women leaders". In: *Remote.co* [Disponível em https://remote.co/remote-companies-have-more-women-leaders-these-are-hiring/].

Por exemplo, grande parte da comunicação no local de trabalho se dá através de e-mails (isso também ocorre com o trabalho remoto, mas para quem trabalha a distância essa pode ser a única forma de comunicação). A expectativa é de que os e-mails de trabalho sejam curtos, atendo-se profissionalmente ao assunto. Há pouco espaço para a conversa amistosa de que podem desfrutar os que trabalham em determinado lugar; por exemplo, ao se esbarrarem no bebedouro. É um fator a mais no isolamento de quem trabalha a distância, que carece dessa ligação emocional com os colegas ou clientes. O que pode levar também quem trabalha a distância a se indagar se está fazendo um bom trabalho – porque não tem o sorriso caloroso ou o olhar aprovador que se recebe no escritório.

Vimos acima que há muitas razões possíveis para as mulheres virem a sofrer da Síndrome do Impostor, mas agora vamos examinar como você administra essa condição se vem a enfrentá-la.

Dicas e estratégias

Então, o que podem fazer as mulheres para administrar a sensação de impostura no trabalho? Dê uma olhada nas seguintes dicas e estratégias e tente incorporá-las à sua vida profissional. A primeira lista é específica para as mulheres, mas as estratégias que as seguem são úteis para qualquer pessoa que esteja sofrendo da Síndrome do Impostor no trabalho. Cheque também as técnicas sugeridas no final dos outros capítulos.

- Pense, descubra e reconheça se você faz parte de um grupo "de risco" feminino, especialmente se for empresária, se trabalhar num setor em que predominam os homens, se fizer muito trabalho a distância ou se for uma diretora executiva ou gerente. Se estiver em qualquer dessas categorias e se tiver também qualquer dos fatores de risco mais gerais descritos nos capítulos 1 e 2, deve ficar ciente da sua maior propensão à SI. Reconheça, então, que é uma condição normal, e não sua culpa!

- Pense sobre a maneira com que encara a rejeição e as críticas. Ser criticado, especialmente, é um ponto importante no crescimento pessoal, mas as mulheres podem estar programadas para serem mais sensíveis a isso do que os homens. Preste atenção em qualquer crítica que receba e tente analisá-la objetivamente para se certificar de que é ou não justificada. Se for, tente não se abalar, encarando a crítica com naturalidade e aprendendo com ela (e se não for, defenda-se!).
- Examine se não está sofrendo da "defasagem de confiança". Uma boa experiência no trabalho seria pedir aos colegas homens e mulheres que avaliem anonimamente seus índices em diversos atributos, indicando apenas a que gênero pertencem. Se descobrir que você e as colegas se dão classificações mais baixas, isso pode muito bem indicar uma defasagem de confiança, e reconhecê-la é o primeiro passo para superá-la.
- Para evitar profecias autorrealizadas sobre confiança e capacidade, finja ter crença em si mesma. Aprenda a agir com confiança, mesmo que não se sinta confiante.

Exercício 1: Os fatos

A seguinte estratégia pode ser adotada por todos que sofram sensações de dúvida em si mesmos e de impostura no trabalho:

(i) Reconheça os fatos

Seja qual for a sua atitude em relação ao próprio sucesso, certos fatos são indiscutíveis. Por exemplo, se você obtém uma ótima nota num exame ou uma oferta de trabalho, isso *são* fatos. Qualquer outra consideração não passa do que você *pensa* sobre os fatos. Examine a sua vida até então e faça uma lista dos seus sucessos, tais como o bom resultado em um exame ou uma promoção, colocando no alto o título "Os fatos".

Os fatos
Tirei 10 na prova de Inglês.
Recebi uma grande promoção no emprego.
Fui elogiado(a) pela apresentação que fiz.

Manter um registro desses fatos incontestáveis sobre os sucessos alcançados pode ajudar a ter os pés no chão e a perceber que, sejam quais forem suas ideias a respeito, as realizações são palpáveis, estão ali para quem quiser ver. Um ou dois sucessos podem ser atribuídos a fatores externos ou a um golpe de sorte, mas quando você tiver uma lista mais extensa de realizações será mais difícil ignorar os fatos evidentes e a possibilidade de que você, afinal, pode mesmo ser bom ou boa no que faz.

(ii) Reconheça e desafie suas ideias

Olhe a sua lista de fatos e identifique quaisquer pensamentos impostores – crenças e ideias sobre cada fato que contribuam para a sua sensação de fraude. Anote-as então numa coluna adjacente:

Os fatos	Pensamentos impostores sobre eles
Tirei 10 na prova de Inglês.	Por sorte caíram as questões certas.
Recebi uma grande promoção no emprego.	Foi um erro me indicarem, não sou competente.
Fui elogiado(a) pela apresentação que fiz.	Não me saí de forma perfeita.

Lembre-se de que se trata apenas de suas ideias, de pensamentos. Que podem ou não ser verdadeiros – a única coisa indiscutível é o fato efetivo. Agora pense nas habilidades, capacidade ou talentos que podem ter contribuído para esses sucessos. Registre-os então numa terceira coluna:

Os fatos	Pensamentos impostores sobre eles	Talentos que podem ter contribuído
Tirei 10 na prova de Inglês.	Por sorte caíram as questões certas.	Sou bom(boa) em Inglês.
Recebi uma grande promoção no emprego.	Foi um erro me indicarem, não sou competente.	Tenho competência, gerencio bem.
Fui elogiado(a) pela apresentação que fiz.	Não me saí de forma perfeita.	Exposição clara, animada, bem ilustrada.

Agora você tem duas alternativas para explicar os seus sucessos (que continuam inquestionáveis). Dê uma porcentagem que você ache correta para cada uma das explicações alternativas para ver a probabilidade real de cada uma:

Os fatos	Pensamentos impostores sobre eles	Talentos que podem ter contribuído
Tirei 10 na prova de Inglês.	Por sorte caíram as questões certas (60%).	Sou bom(boa) em Inglês (70%).
Recebi uma grande promoção no emprego.	Foi um erro me indicarem, não sou competente (30%).	Tenho competência, gerencio bem (60%).
Fui elogiado(a) pela apresentação que fiz.	Não me saí de forma perfeita (80%).	Exposição clara, animada, bem ilustrada (90%).

O que isso mostra é que, se a explicação do(a) impostor(a) pode ser verdadeira, a explicação alternativa também pode ser! Às vezes é até mais provável que a explicação alternativa seja verdadeira. É um exercício que ajuda você a desafiar os seus padrões mentais distorcidos.

Exercício 2: Identifique os seus pontos fortes

As pessoas que sofrem da Síndrome do Impostor tendem a se concentrar em seus pontos fracos e a ignorar todos os seus pontos fortes. Aprender a reconhecer o que você tem de bom é parte essencial do processo de vencer a SI. Por isso as "listas afirmativas" podem ser muito úteis. Utilize as seguintes sugestões e monte suas próprias listas afirmativas.

Anote:

• Dez pontos fortes que você tenha; por exemplo: persistência, coragem, simpatia, criatividade.

• Pelo menos cinco coisas que você admira em você mesma(o); por exemplo: a maneira como criou os seus filhos, a boa relação que tem com o irmão, a sua espiritualidade.

• As cinco maiores conquistas da sua vida até agora; por exemplo, a recuperação de uma doença grave, o diploma do Ensino Médio, saber usar um computador.

• Pelo menos 20 realizações; que podem ser coisas bem simples, como aprender a usar o novo aplicativo no seu celular, ou grandes desafios, como uma alta graduação universitária.

• Dez coisas que você poderia fazer para ajudar outra pessoa.

Mantenha essas listas em algum lugar de destaque e de fácil acesso; da próxima vez em que sentir sintomas de impostura, vá até lá, pegue as listas e lembre-se de que é realmente boa(bom) como os outros pensam!

4

HOMENS IMPOSTORES
A VERGONHA SECRETA

    Embora a Síndrome do Impostor tenha sido tradicionalmente considerada um fenômeno feminino, como vimos no capítulo anterior, realmente não há dados suficientemente consistentes que confirmem de fato que ela afete mais as mulheres do que os homens. A razão pela qual é vista como uma condição feminina é o fato de que o fenômeno foi descoberto em uma pesquisa feita sobre mulheres, surgindo então esse estereótipo. De modo que os homens afetados pela SI podem ter o fardo adicional de se sentirem emasculados por manifestarem um fenômeno aparentemente feminino.

    E, com efeito, a síndrome afeta também os homens. Muitos estudos não encontraram qualquer diferença entre sensações confessadas de impostura de homens e mulheres estudantes universitários, professores e profissionais liberais[66]. A psicóloga Amy Cuddy, de Harvard, fez em 2012 uma palestra para a plataforma de internet TED Talk sobre a pose de poder e ficou surpresa em receber milhares de e-mails de pessoas que se queixavam de se sentirem uma fraude – cerca de metade das quais eram homens[67]. Valerie Young, especialista em SI, afirma em seu website impostersyndrome.com que metade das pessoas que frequentam suas oficinas-clínicas sobre Síndrome do Impostor são homens. E com efeito, em 1993, Pauline Clance, autora da obra que definiu a condição da SI, admitiu que sua teoria original segundo a qual a síndrome era um problema exclusivamente feminino estava incorreta, uma vez que "os homens nessas populações têm tanto quanto as mulheres baixas expectativas de sucesso e a atribuí-las a fatores ligados à falta de capacidade"[68].

De acordo com pesquisadores da Síndrome do Impostor da empresa de perfis psicológicos Arch Profile, sediada nos Estados Unidos, de uma amostragem de pessoas que sofrem da SI:

- 32% das mulheres e 33% dos homens achavam que não mereciam em nada o sucesso obtido.
- 36% das mulheres e 34% dos homens levavam o perfeccionismo ao extremo e colocavam expectativas irreais para si mesmos.

---

66. ANDERSON, L.V. (2016). *Feeling Like An Impostor Is Not A Syndrome* [Disponível em http://www.slate.com/articles/business/the_ladder/2016/04/is_impostor_syndrome_real_and_does_it_affect_women_more_than_men.html].

67. LEBOWITZ, S. (2016). "Men are suffering from a psychological phenomenon, but they are too ashamed to talk about it". In: *Business Insider* [Disponível em http://uk.businessinsider.com/men-suffer-from-impostor-syndrome-2016-1].

68. Cf. nota 66.

- 44% das mulheres e 38% dos homens acreditavam que a maior parte de suas realizações era uma farsa.
- 47% das mulheres e 48% dos homens achavam que não haviam merecido os prêmios recebidos por seu árduo trabalho.

Portanto, a experiência da SI não parece diferir entre homens e mulheres. Além disso, um estudo que foi objeto de reportagem do *Times Higher Education Supplement* em 2016 chega a afirmar que os homens são mais sujeitos à Síndrome do Impostor do que as mulheres. Holly Hotchins, professora de Desenvolvimento de Recursos Humanos da Universidade de Houston, Texas, examinou os eventos que desencadearam a Síndrome do Impostor em 16 profissionais acadêmicos dos Estados Unidos. Já examinamos a tendência de vulnerabilidade dos acadêmicos à SI, mas essa pesquisa mostrou que o gatilho mais comum das sensações de impostura entre eles era o questionamento da sua competência pelos colegas ou estudantes. Comparar-se negativamente aos colegas ou mesmo alcançar o sucesso também desencadeava sensações de desajustamento entre os acadêmicos. Mas realmente interessantes eram as formas diferentes de homens e mulheres lidarem com isso. As mulheres tinham estratégias muito melhores para enfrentar a SI, falando sozinhas e recorrendo a apoio social, enquanto os homens tendiam mais a se refugiar no álcool ou adotar outras estratégias de fuga para lidar com a sensação de farsa[69] (cf. p. 105).

Por que então, ante a esmagadora evidência, prevalece a noção de que os homens não são afetados pela SI tanto quan-

---

69. "Genders deal with academic delusions differently". In: *Times Higher* [Disponível em https://www.timeshighereducation.com/news/genders-deal-academic-delusions-differently].

to as mulheres? Este capítulo examinará isso, assim como as razões pelas quais os homens efetivamente sofrem da síndrome. Vamos analisar alguns exemplos comuns e outros mais extremos da SI antes de apresentar no fim do capítulo algumas dicas e estratégias que podem ser particularmente úteis para os impostores masculinos.

Síndrome do Impostor e fama estereotipada

Pode não existir uma diferença marcante nos números de homens e mulheres que sofrem da Síndrome do Impostor, mas pode ser que menos homens o admitam. Pode ser que a probabilidade de os homens falarem de sua sensação de impostura seja menor do que ocorre com as mulheres por causa do "estereótipo da fama" ou punição social, que pode tomar a forma de insultos ou mesmo de ostracismo por inadaptação a estereótipos masculinos, como o que diz que os homens têm que ser positivos e confiantes. Isso pode deixar os homens relutantes em admitir a dúvida em si mesmos – simplesmente essa não é uma característica masculina e admiti-la equivale a comprometer sua masculinidade.

Como diz a *Business Insider*, os homens de fato sofrem da SI, mas apenas têm muita "vergonha" de admiti-lo[70]. Assim se mantém a noção de que a SI é um problema feminino – pois as mulheres parecem não ter problema em admitir a dúvida em si mesmas, ao contrário dos homens.

Assim como a sociedade tem expectativas comportamentais em relação às mulheres (cf. cap. 3), também as tem em relação aos homens –, mas expectativas diferentes. Espera-se que os homens

---

70. Cf. nota 67.

exagerem as suas realizações, que sejam vaidosos e mesmo arrogantes. Exige-se que tenham força, que não sejam emocionalmente vulneráveis a ponto de sucumbirem à dúvida em si mesmos[71]. O que pode fazê-los bem mais reticentes para dizer que se sentem uma fraude.

Essa exageração pode também ser chamada de excesso de confiança, fenômeno a que nos referimos antes neste livro (cf. p. 55, efeito de Dunning-Kruger). Os homens podem sentir (e espera-se que sintam) um excesso de confiança; é uma das características exaltadas da suposta masculinidade. O que pode dar mesmo uma vantagem real aos homens, uma vez que confiança alimenta a confiança – é mais provável que a gente confie e acredite em pessoas que são confiantes e seguras de si, o que significa que têm mais probabilidade de sucesso. Um vendedor, por exemplo, evidentemente vai ter menos sucesso se parecer inseguro do que alguém convencido. É fácil perceber como o excesso de confiança pode dar aos homens uma vantagem.

Também é fácil perceber como um homem sem confiança ou atormentado pela dúvida em sua própria capacidade vai não apenas perder essa vantagem natural, mas vê-la voltar-se contra ele em função do estereótipo e das normas sociais; os homens são elogiados e aceitos na sociedade por suas qualidades másculas, sofrendo julgamentos negativos por qualquer avaliação que as diminua.

---

71. "The confidence gap: why do so many of us feel like imposters at work?" In: *Prowess*, 2016 [Disponível em http://www.prowess.org.uk/the-confidence-gap-do-women-in-the-workplace-feel-like-imposters].

ESTUDO DE CASO

Tony, 35 anos, era um bem-sucedido executivo de relações públicas numa empresa do setor. Usava ternos de corte alinhado, ganhava um alto salário e respirava por todos os poros o modelo de sucesso masculino. Era bom no que fazia e sempre viu nisso uma coisa inquestionável.

Recentemente, porém, começou a ter dúvidas. Sua última campanha, para uma companhia de seguros online, foi um fracasso. Conduzindo a campanha, adotou grandes ideias que implicaram pesados gastos para o cliente. Ele é quem havia persuadido o cliente a assumir o risco e aumentar o orçamento. Estava altamente confiante de que a campanha resultaria em muitas colunas de publicidade na imprensa. Mas a coisa fracassou e mal conseguiu umas poucas linhas num jornal local gratuito. Tony ficou mortificado e, pela primeira vez na carreira, começou realmente a se questionar e a duvidar seriamente da própria capacidade.

Certo dia, ouviu no escritório umas colegas conversando sobre as dúvidas que tinham em si mesmas. Sempre ouvia mulheres discutindo essas questões, mas homens nunca. Mesmo assim, sentiu-se aliviado em poder partilhar afinal suas sensações – falou às colegas sobre a insegurança que sentia e ficou esperando o mesmo tipo de tranquilização que elas sempre ofereciam umas às outras. Mas ficou desapontado; as mulheres apenas se viraram e olharam fixamente para ele, em seguida desconsiderando por completo sua angústia. Simplesmente não acreditaram que fosse autêntica e se riram de maneira jocosa – "ah, está bom, qual é, Sr. Confiança?" e "sem essa, vai agora dar uma de garota?"

Tony ficou elocubrando o que se passava com ele; evidentemente era visto como o modelo masculino da confiança, mas isso não podia estar mais longe da verdade. E o que isso fazia dele? Não só era um mau executivo de RP (mascarado como o bonzão que todos achavam que ele era), mas talvez nem sequer um homem de verdade, assombrado que era por preocupações femininas.

O macho que duvida de si mesmo não só enfrenta um estereótipo social se admite o que sente, mas pode enfrentar até um estereótipo que ele próprio se impõe. A mulher impostora só tem que lidar com a sensação de ser uma farsa; o homem impostor tem que enfrentar, além da sensação de fraude, também um golpe contra a sua identidade como homem em consequência direta daquela sensação. Não é de admirar, portanto, que seja menos provável os homens confessarem que se sentem uma fraude e mais provável que o neguem ou adotem estratégias ilusórias, de fuga.

O estereótipo masculino

Qual estereótipo masculino alimenta a Síndrome do Impostor? Na verdade, os pesquisadores acham que há vários, entre eles os do empresário bem-sucedido, o do atleta e o do homem de família. Examinemos cada um.

O empresário de sucesso

Este estereótipo estabelece que o macho deve ser bem-sucedido no trabalho. O sucesso geralmente é medido em termos financeiros, mas o *status* também é considerado importante. O *status* sempre foi mais importante para os homens do que as mulheres: um artigo intitulado A Arte da Masculinidade afirma que "os biólogos de há muito constataram que os machos das espécies são muito mais sensíveis às 'perdas de *status*' e têm um impulso maior que as fêmeas de conquistar *status*"[72]. Em 2016, pesquisadores que estudavam o *status* social masculino numa sociedade amazônica observaram que "as tentativas de ganhar ou manter *status*... são particularmente evidentes entre os homens"[73].

O artigo sobre "A arte da masculinidade" diz que "o impulso masculino do homem para alcançar *status* integra quase todos os aspectos da masculinidade". Essa busca de *status* foi parte importante do nosso processo evolutivo no passado, quando os homens tinham que se afirmar perante a tribo, muitas vezes através de estrênuas e difíceis provações, para obter o *status* de "homem de verdade".

---

72. "Men and status: an introduction" (2018). In: *Art of Manliness* [Disponível em https://www.artofmanliness.com/articles/ men-and-status-an-introduction/].

73. VON RUEDEN, C.; GURVEN, M. & KAPLAN, H. (2008). "The multiple dimensions of male social status in an Amazonian society". In: *Evol. Hum. Behaviour*, 29 (6), p. 402-415.

Portanto, para ser um "homem de verdade" é importante ter uma boa capacidade de ganhar dinheiro, possuir símbolos de *status* (títulos, carros etc.) e até vestir-se de acordo com o papel – o terno alinhado de executivo etc. Alguns homens acham que esses aparatos do sucesso mascaram a realidade – que são armadilhas, ornamentos falsos que não fazem jus à fama. Como as mulheres impostoras, esses homens sentem que na verdade não são bons no que fazem e que só alcançaram o sucesso por acaso ou por sorte. Eles vivem com medo de ser desmascarados e de perder o *status*, o dinheiro e o terno elegante. E como esses aparatos estão tão amarrados à identidade masculina, eles temem muito a sua perda – talvez mais do que as mulheres, cuja identidade feminina é menos dependente da capacidade de obter um alto salário e possuir um carrão.

O atleta

Há uma expectativa de que os homens sejam grandes, fortes e capazes para se sentirem "homens de verdade". Os modelos de masculinidade retratados na mídia são geralmente fortes atletas e super-heróis – o tipo de homem que figura normalmente na capa das revistas esportivas ou que aparece nos anúncios de produtos direcionados ao público masculino; por exemplo, um musculoso ícone do futebol ou um ator de corpo extremamente "bombado". Como assinala um blog sobre estereótipos masculinos da Universidade de Pittsburgh, "machos de todas as idades e raças são influenciados por anúncios que mostram esses astros. Quanto mais anúncios veem, mais pressão eles sentem para satisfazer essa ideia de masculinidade"[74].

A pressão sobre os homens para serem fortes, independentes, estoicos, competitivos e duros é tão danosa que foi definida como "masculinidade tóxica". É interessante notar que esse estereótipo atlético pode ter um efeito desproporcionalmente negativo sobre os homens que envelhecem, pois envelhecer em geral não combina com esse estereótipo[75].

O estereótipo atlético pode levar os homens à academia de ginástica ou à prática da corrida, mas a impostura pode infiltrar-se quando o corpo físico não combina com a "realidade" interior; muitos fanáticos da malhação podem no fundo sentir que seus músculos bombados mascaram que bem no íntimo eles são na verdade sensíveis, fracos e tímidos. Quanto mais fracos se sentem, mais se dedicam a criar a imagem de força do corpo físico. Quanto mais ganham músculos, mais farsantes devem se sentir, criando assim um círculo vicioso.

Homens que se sentem forçados a uma imagem "atlética" para serem os "homens de verdade" que a sociedade espera podem perceber que isso não passa de uma fachada e terem no fundo uma sensação bem diferente sobre si mesmos. E essa defasagem entre como realmente se sentem e a impressão externa

---

74. *Unexpected social pressures in males.* University of Pittsburgh [Disponível em http://www.wstudies.pitt.edu/blogs/ msf31/unexpected-social-pressures-males].

75. YOUNG, S. (2017). "Man up: are masculine stereotypes making men fear ageing?" In: *The Independent* [Disponível em https://www.independent.co.uk/life-style/men-male-ageing-masculine-stereotypes-fear-toxic-masculinity-a 7602256.html].

que criam pode ser a causa básica da Síndrome do Impostor que os afeta.

O homem de família

Não basta mais ser forte, musculoso e ganhar um bom salário, com todo o sucesso e *status* que isso proporciona. Hoje em dia espera-se que os homens sejam maridos ou companheiros perfeitos, além de pais perfeitos. Examinaremos os Pais Impostores no capítulo 7, mas por ora analisemos o estereótipo do perfeito homem de família.

Espera-se que os homens façam todas as "tarefas de pais" para se encaixar nesse estereótipo – levar as crianças ao clube, às vezes à escola e, de vez em quando, dar uma de cozinheiro ou colocar os pequenos na cama. Algumas dessas tarefas são as mesmas para todos os pais, mas o problema de alguns homens é que nem sempre têm uma relação afetiva profunda com os filhos, muitas vezes simplesmente devido ao fato de que a mãe é que é em geral responsável pelos cuidados básicos, pelo menos nos primeiros tempos da formação infantil. Isso pode fazer alguns pais sentirem um excesso de exigências ou que não são de fato os pais perfeitos que os outros podem pensar que sejam. Outras pessoas podem vê-los chutando uma bolinha no parque nos fins de semana com os filhos e achar que são grandes pais de família, mas o homem de família impostor sabe que se a criança se machucar é com a mãe que ela vai buscar socorro. Isso tudo pode contribuir para a sensação de farsa que tanto caracteriza a Síndrome do Impostor.

ESTUDO DE CASO

Brad, 41, parece o estereótipo do macho bem-sucedido. Tem um emprego bem remunerado no setor financeiro que lhe garante um estilo de vida bem confortável: uma grande casa num bairro residencial longe do centro, dois carrões (trocados anualmente), colégios particulares para os três filhos, duas férias garantidas por ano em paraísos exóticos etc. Tem tudo que poderia desejar – uma bela esposa, uma família encantadora, *status*... e até um relógio Rolex. Além disso, tem boa aparência e orgulho de sua forma física, moldada por muitas horas de exercícios na academia com um *personal trainer*.

Mas o Brad está enrascado. Recentemente começou a sentir que leva uma vida falsa e não passa de um impostor. O verdadeiro Brad é um sujeito tímido e perdedor que foi vítima de *bullying* na escola por usar óculos. E a razão por que se sente uma fraude é que odeia o seu trabalho. É um trabalho que o aborrece, que sonha abandonar para abrir um café no litoral. Mas acha que odiar o trabalho é uma prova de sua impostura – um homem realmente de sucesso, que é bom em sua atividade, com certeza não odiaria tanto o que faz.

Não ousa, porém, revelar os seus sonhos (e medos) a ninguém, o que o faz sentir-se ainda mais uma fraude. Quando as pessoas o elogiam no trabalho ou quando os amigos admiram o seu estilo de vida, fica como que entorpecido porque, para ele, é tudo uma farsa; não se vê de fato como um sujeito bem-sucedido, pois acha que sucesso é igual a felicidade e, no fundo, não é feliz. O que ele sonha não é o tipo de sonho de "um homem de verdade" e sente que tem alguma coisa profundamente errada com ele por acalentar esse desejo.

Síndrome do Impostor e saúde mental do homem

Uma das principais diferenças – e talvez a mais surpreendente – da manifestação da síndrome nos homens em comparação com as mulheres envolve a saúde mental. Atendo muitos homens na minha clínica particular de saúde mental, mas eles se apresentam em geral de forma bem diferente das mulheres com problemas mentais. Pela minha experiência, os homens tendem muito mais a se punir por terem problemas de saúde mental do que as mulheres. Para eles é muito mais difícil do que para elas aceitar isso.

Tradicionalmente essa tendência manifestou-se, e em larga medida ainda se manifesta, por uma falta de vontade de buscar ajuda; uma pesquisa bem recente da Fundação para a Saúde Mental no Reino Unido mostrou em 2016 que continua menos provável os homens buscarem ajuda do que as mulheres (28% deles disseram que não buscariam ajuda em caso de problema de saúde mental, contra apenas 19% das mulheres)[76]. Como disse uma das fontes, tantos homens evitam falar sobre o que se passa em suas mentes por medo de serem julgados ou ignorados – ou que lhes digam "seja homem!"[77]

E não apenas isso. A mesma pesquisa também mostrou que os homens são mais relutantes que as mulheres em contar a alguém que estão enfrentando problemas psicológicos; só um quarto dos homens, em comparação com um terço das mulheres, falam disso

---

76. DOWARD, J. (2016). "Men much less likely to seek mental health help than women". In: *The Guardian* [Disponível em https://www.theguardian.com/society/2016/nov/05/men-less-likely-to-get-help-mental-health].

77. GLADWELL, H. (2018). "20 men reveal the one thing they wished they knew about other men's mental health". In: *The Metro* [Disponível em https://metro.co.uk/2018/03/01/20-men-reveal-the-one-thing-they-wish-others-knew-about-mens-mental-health-7351683/].

com outras pessoas e a maioria dos que o fazem ainda espera uns dois anos para criar coragem de se revelar.

Um exemplo perfeito disso é Dave Chawner, 27, comediante que viveu com anorexia e depressão por dez anos antes de procurar ajuda. Ele disse ao jornal inglês *The Guardian* que a sociedade "permite" aos homens falarem sobre emoções como estresse e raiva, mas que "qualquer outra coisa é interpretada como vulnerabilidade"; por isso, os homens reprimem muito mais esses sentimentos dentro deles[78].

> ### "SEJA HOMEM" – A FRASE MAIS DESTRUTIVA DA CULTURA MODERNA?
>
> Um artigo do jornal londrino *The Telegraph* em 2015 dizia que a censura "seja homem!" pode ter consequências muito danosas porque "embaça o entendimento conceitual de masculinidade e virilidade"[79]. Dizer a um homem que "aja como homem" apela aos estereótipos masculinos do que significa exatamente ser homem, que normalmente têm a ver com a figura forte do herói de ação. Uma cultura em que o homem tem que "agir como homem" é a que ensina muito cedo aos meninos que "homem não chora" e que, portanto, as emoções devem ser esmagadas e reprimidas. Ensina-se aos garotinhos que sensibilidade emocional é fraqueza e eles crescem com isso incrustado na mente.
> Não é surpresa, portanto, que dizer a um homem que "seja homem!" vai provavelmente levá-lo a questionar seu próprio senso de masculinidade – e fazê-lo sentir-se um impostor dentro do seu gênero.

---

78. Cf. nota 76.

79. WELLS, J. (2015). "Is Man-Up the most destructive phrase in modern culture?" In: *The Telegraph* [Disponível em https://www.telegraph.co.uk/men/thinking-man/11724215/Is-man-up-the-most-destructive-phrase-in-modern-culture.html].

ESTUDO DE CASO

Alex já sofria de ansiedade com a saúde havia uns dois anos quando procurou a minha clínica. A ansiedade começou com a morte do pai. Preocupava-se constantemente com sua saúde e passava horas na internet, pesquisando os seus sintomas. Tentava desesperadamente se tranquilizar com algo que garantisse não haver perigo no que o perturbava. Às vezes o "dr. Google" não lhe dava o tranquilizante que buscava e por isso ele fez intermináveis consultas com o seu clínico geral. Certa vez chegou a procurar um atendimento de emergência, crente de que estava tendo um ataque cardíaco.

Com frequência vinha às sessões psicológicas comigo preocupado com alguma questão de saúde, buscando um tranquilizante (o que eu, não sendo médica, não podia lhe dar). Às vezes, durante a sessão, chegava mesmo a ficar ansioso com a saúde; via-o distraído com alguma coisa no braço ou na cabeça, que começava a cutucar, até admitir por fim que estava ansioso por causa de uma coceira ou uma mancha.

Essa ansiedade com a saúde, no entanto, compunha-se de uma outra questão: uma grande vergonha de ficar ansioso assim. Estava convicto de que homens de verdade não ficavam assim obcecados com a própria saúde. E começou a acreditar que não era mesmo um homem de verdade, que essas ansiedades eram prova de sua falta de masculinidade. O que afetou gravemente a sua autoestima, a ponto de começar a se indagar se não deveria abandonar a mulher e os filhos para que pudessem encontrar um homem "de verdade" que cuidasse deles como marido e pai.

Os homens lutam com a falta de sintonia entre as duas crenças que geralmente têm a respeito da saúde mental. Por um lado, os homens devem ser fortes. Constantemente escutam o "seja homem!" instigando-os a ser duros, a se controlar, a dominar as emoções e, sobretudo, a ser fortes. Os machos da espécie são desestimulados a cultivar muitos traços positivos ou saudáveis que não são considerados masculinos. Isso inclui a capacidade de sentir uma série de emoções, como medo, mágoa, confusão ou desespero[80].

O que acontece, então, quando percebem que não são nada do que faz o estereótipo de macho – que precisam de ajuda, que são "fracos", que suas emoções ameaçam esmagá-los e que não conseguem aguentar? Alguns são capazes de mudar a primeira noção, transformando-a em uma nova: os homens podem continuar a ser homens mesmo se sentirem emoções. Mas muitos têm o estereótipo tão entranhado que não conseguem mudá-lo – em vez disso, concluem que não são "homens de verdade" e que, portanto, devem ser impostores.

Além disso, tentar driblar a Síndrome do Impostor pode muito bem contribuir para que os homens não procurem ajuda psicológica quando precisam. Se não reconhecerem suas dificuldades e não procurarem ajuda, não têm que se sentir como uma farsa em matéria de homem. Infelizmente, isso leva a estratégias de fuga e a não enfrentar os problemas, o que é confirmado pela pesquisa; os homens tendem três vezes mais ao suicídio do que as

---

80. FEMIANO, S. & NICKERSON, M. (1989). "How do media images of men affect our lives?" In: *Center for Media Literacy* [Disponível em http://www.medialit.org/reading-room/how-do-media-images-men-affect-our-lives].

mulheres e apresentam índices mais altos de alcoolismo e abuso de drogas[81]. Isso indica que estratégias de inadaptação, tais como a fuga pelo álcool, as drogas e até o suicídio, substituem a estratégia mais saudável da busca de ajuda profissional. O medo de ser um impostor é potencialmente letal para os homens.

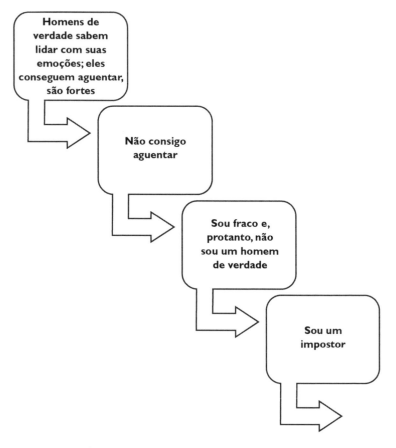

Como questões de saúde mental podem levar à SI nos homens

81. "Men's mental health and attitudes towards seeking help". In: *National elf service* [Disponível em https://www.nationalelfservice.net/mental-health/mens-mental-health-and-attitudes-to-seeking-help-an-online-survey/].

> **OS HOMENS E A SAÚDE MENTAL**
>
> Em 2015, o hospital psiquiátrico The Priory encomendou uma pesquisa com 1.000 homens sobre as atitudes masculinas em relação à sua saúde mental. Descobriu-se que 77% dos homens pesquisados tinham sofrido de ansiedade/estresse/depressão. Além disso, 40% dos homens disseram que não procurariam ajuda até se sentirem tão mal que começaram a pensar em se ferir ou se matar. Um quinto dos homens disse que não procuraria ajuda por causa do estigma ligado a esses problemas, enquanto 16% disseram que não queriam parecer "fracos".

Saúde mental e os militares

A Síndrome do Impostor tem um lugar especial entre os militares com problemas de saúde mental como o Transtorno de Estresse Pós-Traumático (TEPT). Claro, as mulheres também podem ser militares hoje em dia e igualmente correm risco de TEPT, mas tradicionalmente a carreira foi vista como um negócio masculino e machista. O TEPT é uma das condições psicológicas mais comuns entre os militares, pela própria natureza da guerra – os horrores da atividade militar são bem documentados. Há talvez boa razão para os homens militares acharem que sofrer de TEPT faz não apenas com que não sejam homens de verdade (e sim impostores do sexo masculino), mas também com que não sejam soldados de verdade (e sim soldados impostores). Afinal, há uma longa história de associação de problemas mentais a fraqueza entre as tropas (sobretudo masculinas); a neurose de guerra, expressão original usada para descrever o TEPT na Primeira Guerra Mundial, era visto geralmente como sinal de "fraqueza emocional" e os incapazes de combater por causa do trauma eram acusados de deserção ou insubordinação – e devido a esse "crime" alguns foram mesmo executados por pelotão de fuzilamento.

Essa atitude de ligar problemas de saúde mental a fraqueza pode ainda refletir-se hoje em setores militares que prezam muito a resistência psicológica. Com efeito, um estudo mostrou que comandantes militares viam de forma mais negativa o pessoal das forças armadas que em algum momento recorreu a serviços psicológicos, indicando também que é considerado mais legítimo sofrer de doença física que mental[82]. Outro estudo revelou a relutância dos que sofriam de TEPT em procurar ajuda após as intervenções no Iraque e no Afeganistão; só 40% dos soldados que participaram das campanhas e relataram sofrer de TEPT disseram-se interessados em procurar assistência, mas apenas 25% efetivamente receberam tratamento[83]. A principal razão apresentada para essa baixa receptividade foi o estigma, especialmente a sensação de "fraqueza" por precisar de ajuda.

Isso faz com que o soldado homem que sofre de problemas psicológicos se ache em posição muito pior que um civil em termos de julgamento ou censura pela aparente falta de masculinidade. Ele não apenas sente-se emasculado (como muitos civis), mas também um mau soldado. Uma dupla receita para a Síndrome do Impostor.

---

82. MURPHY, D. & BUSUTTIL, W. (2015). "PTSD, stigma and barriers to help-seeking within the UK Armed Forces". In: *J. R Army Med Corps Dec.*, 161 (4), p. 322-326.

83. Ibid.

ESTUDO DE CASO

Mike serviu no Iraque e presenciou cenas terríveis. A pior situação que viveu foi quando seu pelotão passou sobre uma mina terrestre; o comandante morreu na hora e Mike sofreu graves ferimentos que o deixaram por longo período em dispensa médica. O maior problema, porém, foi o TEPT que passou a enfrentar. Era perseguido pela lembrança do que tinha ocorrido, com crises em que podia ouvir, ver e até sentir o cheiro da explosão. Tinha pesadelos e acordava aterrorizado, gritando e banhado em suor. Todo barulho alto colocava-o em alto estado de alerta – não ousava ir a lugar nenhum onde houvesse balões de festas para não entrar em desespero caso um estourasse. Passou a evitar lugares onde pudesse encontrar balões, como restaurantes e festas infantis. Também evitava multidões, porque eram imprevisíveis e ele queria agora um mundo seguro e previsível.

Havia serviço de psicoterapia nas forças armadas, mas Mike não aceitava recorrer a ajuda nenhuma. Dizia ao pessoal médico do exército que estava bem e que apenas seus ferimentos físicos o impediam de voltar às fileiras. Claro que ele não estava bem, mas achava que não podia admiti-lo. Por muito tempo não conseguiu admitir nem para si mesmo que lutava com uma dificuldade psicológica. Sempre considerou fracas as pessoas com problemas de saúde mental e estava firmemente convencido de que soldados tinham que aguentar qualquer coisa ou simplesmente estavam na profissão errada. Também achava normal a "perturbação" entre soldados mulheres, mas homens tinham que ser machos, caras durões que não choravam por nada. Por isso a angústia que sentia o perturbava, pois fazia com que questionasse sua masculinidade (que sempre fora grande motivo de orgulho para ele) e o próprio futuro como militar. Era soldado desde os 18 anos e vinha de uma família de militares. Se não podia suportar a vida de soldado, como sua angústia parecia indicar, o que restava para ele?

TOC homossexual: quando os homens não acreditam que são homens o bastante

Passei a receber em minha clínica mais homens com esse distúrbio incomum. São (ou parecem ser) machos heterossexuais, em geral casados ou com relações duradouras, mas que passaram a acreditar que são *gays* enrustidos. Podem passar horas, toda noite, assistindo a pornografia *gay* para checar se ficam excitados (e às vezes, também, a pornografia heterossexual para comparar suas reações). Podem até entrar em relacionamentos com outros homens para comprovar se são ou não homossexuais não assumidos. Também podem ficar obcecados com a aparência, preocupados se caminham de um jeito menos masculino, se ao sentar-se o fazem como uma "moça" ou se têm maneirismos *gays*. Chegam a evitar ficar a sós com outros homens ou muito perto, fugindo de situações em que possam por acaso se excitar diante de corpos masculinos (como a piscina ou a academia de ginástica) e com isso deixar a máscara cair. Serem tidos equivocadamente como homossexuais pode também deixar esses homens perturbados.

A questão subjacente é que eles acreditam estar levando uma vida falsa; a todas as pessoas parecem heterossexuais "normais", mas guardam o que, na opinião deles, é um terrível e vergonhoso segredo, ou seja, que são no fundo homossexuais e impostores.

Essa sensação de serem uma farsa pode ter um sério impacto sobre a autoestima e os relacionamentos pessoais. Nem o fato de não se sentirem excitados por outros homens os tranquiliza – simplesmente ficam mais convencidos de que estão negando a realidade ou simplesmente mentindo para si mesmos. Acham que não são sinceros consigo nem com suas famílias; muitos desses "impostores" sentem estar iludindo seriamente suas parceiras e alguns chegam até a confessar-lhes que são *gays* (mesmo que não sejam atraídos por homens), com isso perdendo relacionamentos perfeitamente bons e até suas famílias. Às vezes, as parceiras descobrem o aparente interesse deles em pornografia *gay* e os abandonam antes que eles confessem coisa alguma.

O TOC (Transtorno Obsessivo Compulsivo) homossexual é uma condição psicológica reconhecida entre esses transtornos, fazendo com que homens heterossexuais se tornem obcecados pela ideia de que são homossexuais não assumidos, passando a praticar uma série de compulsões para provar ou negar os seus medos. Tais compulsões, porém, trazem apenas um alívio passageiro, pois mais ou menos um dia depois de se tranquilizarem com isso, as dúvidas voltam a se infiltrar e precisam se tranquilizar de novo. Acredita-se que 10% dos que sofrem de TOC podem ter TOC homossexual (que também pode afetar as mulheres, embora entre elas pareça menos comum que entre os homens)[84].

Qualquer coisa pode desencadear esse TOC homossexual (TOCH). Um homem notou que outro tem boa aparência e acha que só notou isso por ser homossexual. Ou pode ter a atenção atraída por um anúncio de cueca – mais uma prova de que é atraído pelo mesmo sexo. Por ter na verdade atração por mulheres e levar um estilo de vida heterossexual, teme esses pensamentos tremendamente porque provam que é um impostor. Assim, tenta evitar esses pensamentos; mas quanto mais foge deles, mais insistentes

---

84. *12 signs that you might have homosexual OCD* [Disponível em https://www.intrusivethoughts.org/blog/12-signs-might-homosexual-ocd/].

se tornam. Não demora muito e está obcecado pela ideia de que é um homossexual fingindo-se de hétero.

Os que sofrem de TOCH têm em geral baixa autoestima em matéria de identidade de gênero. Sabem que são homens, mas acham que não se encaixam nos estereótipos masculinos. Então passam a sentir que não são homens o bastante – são impostores fingindo-se de homens. E para eles um sinal de que são uma fraude é não acharem as mulheres atraentes. Tais pensamentos começam a virar preocupação de serem *gays* não assumidos e logo se transformam numa espiral até o TOCH.

Alguns dos que sofrem desse transtorno vêm de famílias com suspeitas muito negativas contra o homossexualismo e que acham uma calúnia à masculinidade ser chamado de homossexual. O que faz quem é afetado por TOCH ficar aterrorizado com a possibilidade de ser *gay*.

Essa condição é complicada pelo fato de que muitos homens (e, claro, mulheres também) de fato têm atração pelo mesmo sexo. Diversos estudos mostraram que entre 8% e 37% das pessoas admitem ter tido em algum momento da vida uma interação sexual com pessoa do mesmo gênero[85]. Muitos homens têm experiências homossexuais em um ou outro momento e alguns continuam atraídos de certa maneira por homens. O que pode levar os que sofrem de TOCH a acreditar que devem ser *gays* não assumidos (ou bissexuais) e que estão fingindo com um estilo de vida heterossexual.

---

85. KINSEY, A. *Sexual Behaviour in the Human Male* (1948) e *Sexual Behaviour in the Human Female* (1953). Saunders.

ESTUDO DE CASO

Dave era um típico "machão" – bom preparo físico, musculoso, falastrão. Casado e com filhos; veio, no entanto, me ver porque estava convencido de que toda a sua vida era uma farsa, que na verdade era um *gay* não assumido. Achava que não conseguia mais viver essa farsa e que tinha que sair do armário, abandonar a esposa e começar uma nova vida como *gay*.

Quando lhe perguntei o que o impedia de fazer isso, ele admitiu que na verdade não tinha certeza de ser *gay*. Perguntei-lhe sem rodeios se queria ter sexo com outros homens e ele respondeu que com certeza não queria. De fato, a ideia lhe parecia mesmo repulsiva, embora dissesse que não tinha repulsa por homens *gays*. Perguntei-lhe se sentia atração por mulheres e ele afirmou que sim. Tinha desejo sexual pela esposa (e às vezes por outras mulheres). Suas fantasias sexuais eram com mulheres, não homens.

Por que, então, achava que era *gay*? Revelou que tinha estado em um encontro homossexual aos 15 anos e estava sempre lembrando disso. O episódio não envolveu sexo, mas estava convencido de que a obsessão em lembrá-lo indicava que era um *gay* não assumido. Achava que não era um "homem de verdade" e que isso não era justo com a sua esposa. Perguntou-me se deveria confessar o seu "segredo" a ela.

Pareceu bem claro para mim que Dave não era *gay* e nem sequer bissexual. Seus medos levavam-no a sentir-se inseguro sobre sua masculinidade. Na juventude tinha procurado mulheres incansavelmente e teve mesmo a reputação de mulherengo – o que seria para provar a sua masculinidade. Malhou bastante e adquiriu um "tanquinho" – de novo para provar a sua masculinidade. Acaba revelando que nos tempos de colégio demorou a desenvolver o físico, que todos os outros rapazes encorparam antes. Por isso, arreliavam dele, era motivo de piada – brincavam chamando-o de *gay*, de "menina", o que o tornou inseguro sobre a sua masculinidade. O que agora se manifestava no TOCH.

TOC pedófilo: um impostor mais extremo

Há uma variante rara de TOCH que reflete mais a Síndrome do Impostor: é o caso do homem (geralmente um homem) que teme ser um pedófilo enrustido. Esse homem teme sem cessar que sente atração por crianças (dos dois gêneros) e pode ficar obcecado com isso, sempre checando para ver se é atraído por certas imagens. Isso pode levá-lo ao mundo sórdido da pornografia infantil, numa tentativa de se tranquilizar comprovando que não é um monstro, no que ser pedófilo implicaria. Mesmo quando sente repulsa pelas imagens, a tranquilidade não dura – a dúvida infiltra-se ao pensar que talvez um outro tipo de cena ou de pessoas o atraísse (com outro gênero/outra idade/outra cor de cabelo etc.). Esse comportamento, claro, pode trazer problemas se descoberto; alguns que sofrem dessa condição podem mesmo ser forçados a afastar-se dos filhos se as autoridades chegam a saber desse aparente interesse em pornografia infantil.

Como o TOCH, o TOCP é outra variante da Síndrome do Impostor. O homem teme ser um impostor como homem ou ser humano. O pior tipo de ser humano que ele pode imaginar é um pedófilo – exatamente o que teme ser em segredo. Passa a achar que é um monstro de crueldade mascarado de respeitável e honesto cidadão; isso acontece porque não pode acreditar que de fato consegue ser o cidadão exemplar que todos acham que é. É uma forma de Impostura exatamente como outras discutidas neste livro.

Dicas e estratégias

Agora que lemos sobre alguns dos diferentes tipos da Síndrome do Impostor entre os homens, vamos examinar algumas estratégias para ajudar a combater isso. A primeira é um questionário que visa desafiar os estereótipos sobre o que significa ser homem, mas as estratégias podem ser utilizadas por todos. Cheque também as técnicas sugeridas no final dos outros capítulos.

Para homens

Questionário: estereótipos masculinos

Este questionário pede para você analisar até que ponto se encaixa nos "três grandes" estereótipos tradicionais do homem de negócios, atleta ou pai de família bem-sucedido. Quanto mais você valoriza esses ideais, mais suscetível poderia ser à SI. O questionário pode ajudá-lo a identificar até que ponto acha que esses estereótipos é que fazem de você um homem:

1) Qual a importância do *status* para você?

Muito importante									Nenhuma importância
1	2	3	4	5	6	7	8	9	10

2) Qual a importância do sucesso financeiro para você?

Muito importante									Nenhuma importância
1	2	3	4	5	6	7	8	9	10

3) Qual a importância para você de ter um corpo atlético ou musculoso?

Muito importante									Nenhuma importância
1	2	3	4	5	6	7	8	9	10

4) Qual a importância da força física para você?

Muito importante									Nenhuma importância
1	2	3	4	5	6	7	8	9	10

5) Que importância vê em participar de eventos importantes de seus filhos?

Muito importante									Nenhuma importância
1	2	3	4	5	6	7	8	9	10

6) Que importância dá a passar com seus filhos o tempo de lazer nos fins de semana?

Muito importante									Nenhuma importância
1	2	3	4	5	6	7	8	9	10

A sua pontuação vai lhe dar uma ideia do estereótipo masculino em que mais se encaixa – e reconhecer isso é o primeiro passo para desafiar o estereótipo. Se pontuou menos de 4 nas questões 1 e 2, então o estereótipo do "homem de negócios" pode ser o desencadeador da sua impostura. Pontuação abaixo de 4 nas questões 3 e 4 indica que o estereótipo do "atleta" pode ser o gatilho da sua impostura, enquanto pontuação abaixo de 4 nas questões 5 e 6 sugere que o estereótipo do "homem de família" pode ser o seu desencadeador. Se pontuou menos de 4 em mais de um estereótipo, então pode estar correndo um risco maior da Síndrome do Impostor, por ser muito difícil atingir esses ideais em mais de um domínio; e se não os alcança pode sentir que não é homem o bastante.

O melhor conselho é buscar seriamente preservar sua saúde mental e não ter medo de buscar ajuda. E também estimular os homens no seu local de trabalho e no seu meio social a falar de seus sentimentos e emoções. Ataque o estigma e incentive as pessoas a repensar o que significa ser um homem moderno.

Para todos

Exercício 1: "Revele" sua impostura

Você ousa confessar aos outros seus verdadeiros sentimentos de impostura? Muitos impostores temem "sair do armário", achando que se contarem aos outros que não se sentem tão bons quanto os outros supõem, todos perceberão a "verdade" e sua farsa será desmascarada. Por isso a SI foi chamada de segredinho vergonhoso; os impostores sentem-se forçados a manter em segredo o fato de se acharem uma fraude, mas aí passam a sentir que é errado e mesmo sórdido esconder a verdade.

Mas falar sobre como você se sente pode ser extremamente útil, em especial porque é de pelo menos 70% a chance de que as pessoas que você conhece se sentem da mesma forma. Converse com colegas de sua confiança ou mesmo com superiores no trabalho. Fale com os amigos, escreva sobre isso num *blog*, envie *tweets* a respeito – seja lá como for que se revele, provavelmente vai descobrir outros também prontos a "sair do armário" e juntar-se a você. E saber que não está sozinho pode realmente ajudá-lo a reconhecer a síndrome pelo que é: uma condição que pode ser administrada e não um reflexo da realidade.

Exercício 2: Cometer mais erros

Os impostores têm uma tolerância muito baixa à imperfeição e trabalham à exaustão para ter certeza de não cometerem erros.

Isso os ajuda a se tranquilizarem de que, afinal, são bons o bastante. O que é, no entanto, ilusório e simplesmente reforça a síndrome.

O problema é que vivemos numa cultura de baixa tolerância aos erros. Com efeito, essa cultura leva mesmo algumas pessoas a desenvolverem Transtorno Obsessivo Compulsivo por checarem constantemente que não fizeram nada de errado, especialmente no trabalho. Vejo isso cada vez mais na minha clínica e estou firmemente convencida de que vivemos uma época em que tememos o erro mais do que nunca, porque a cultura dos locais de trabalho são cada vez menos tolerantes com erros que podem custar-lhes dinheiro ou reputação num mundo cada vez mais competitivo.

Muitas empresas e organizações começam a reconhecer, no entanto, que há um valor em errar. O problema com a cultura do medo de cometer erros é não apenas que os empregados se tornem avessos ao risco, mas podem mesmo ficar temerosos de serem paralisados, incapazes de fazer seu trabalho adequadamente. Até os médicos, cujos erros podem significar a vida ou a morte, têm que correr riscos às vezes; errar por precaução pode às vezes levar a resultados piores. O guru da administração Peter Drucker colocou isso francamente ao sugerir que, em vez de demitirem aqueles que erram, as empresas deveriam demitir os empregados que nunca cometem erros, porque se nunca cometer erros uma pessoa jamais fará algo interessante[86]. Além de que os erros ajudam no aprendizado, de modo que uma empresa cujos empregados temem o erro pode parar de crescer. Como disse um artigo da *Harvard Business Review* em 2002, "uma empresa não consegue desenvolver um pro-

---

86. IJAZ, R. (2016). "5 reasons your employees shouldn't fear making mistakes". In: *Entrepreneur* [Disponível em https://www.entrepreneur.com/article/280656].

duto ou processo revolucionário se não estiver disposta a estimular que se corram riscos e se aprenda com os erros cometidos"[87].

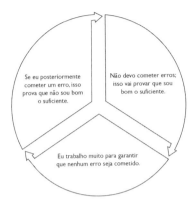

Como as pessoas com Síndrome do Impostor veem os erros

Não é apenas no trabalho que podemos aprender e aproveitar os erros cometidos. Como diz um comentarista em um artigo do *Huffington Post*, "os erros ensinam a gente a se aceitar, a saber que podemos falhar e ser amados"[88]. Temos que aprender que ainda somos bons o bastante mesmo se cometemos erros; a autoaceitação e a autoestima não devem depender da perfeição, porque o ideal de ser perfeito nos predispõe ao fracasso.

Portanto, precisamos aprender a ser tolerantes com nossos próprios erros e falhas, descobrindo que eles não diminuem nossa capacidade geral e nossas qualidades.

A aceitação dos próprios erros é especialmente importante para as crianças. Devemos encorajar os nossos filhos a tentar, a experimentar coisas e a cometer erros – pare de corrigir o dever de casa

---

87. FARSON, R. & KEYES, R. (2002). "The Failure-tolerant Leader". In: *Harvard Business Review* [Disponível em https://hbr.org/ 2002/08/the-failure-tolerant-leader].

88. SAUNDERS MEDLOCK, L. (2014). "Don't fear failure". In: *Huffington Post* [Disponível em https://www.huffingtonpost.com/lisabeth-saunders-medlock-phd/dont-fear-failure-9-powerful-lessons-we-can-learn-from-ou-mistakes_b _6058380.html].

para eles, de ajudá-los nos deveres de casa ou nos projetos escolares e pressioná-los para tirar 10 nos testes; veja os capítulos 6 e 7 sobre como ajudar as crianças a reduzir os sentimentos de impostura.

Para colocar isso em prática, faça uma tabela e coloque na coluna da esquerda uma lista de cinco ou mais erros que você cometeu no passado (p. ex., o time de futebol que você treina ou onde joga foi eliminado de uma competição, ou talvez você perdeu algum negócio por ter cometido algum erro bobo etc.). Na segunda coluna anote o que aprendeu com o erro cometido. Isso deve ajudá-lo(a) a aceitar seus erros e a encará-los como experiências de aprendizado.

Erro	O que aprendi
Fiz um comentário com um colega sobre o seu peso e percebi mais tarde que isso realmente o ofendeu.	Não sou perfeito(a), mas agora pensarei duas vezes antes de comentar a aparência dos outros.
Cometi o erro de não pesar antes as nossas malas e tive que pagar uma alta taxa de bagagem no aeroporto, além de me estressar um bocado.	Sou humano(a) e cometi um erro, mas vou sempre pesar a bagagem antes de outros voos no futuro.

Como as pessoas sem Síndrome do Impostor encaram os erros

Exercício 3: Desafie a sua visão de sucesso

A sociedade fixou maneiras de definir o que significa sucesso, em geral ligadas ao *status* e à riqueza. Mas devemos desafiar essas visões – pois, afinal, dinheiro e *status* não são o mesmo que felicidade. A maioria das pessoas colocaria o dinheiro no topo da sua lista de ingredientes para a felicidade. Se ganhássemos mais alguns milhares por ano, que felicidade! Mas as pesquisas têm mostrado inúmeras vezes que o dinheiro só traz a felicidade até certo ponto. Precisamos de dinheiro para comprar as coisas essenciais da vida e alguns luxos, porém, além disso, mais dinheiro não significa necessariamente mais felicidade. Pesquisa realizada nos Estados Unidos e publicada em 2006 por Daniel Gilbert, autor de *Stumbling on Happiness** indicou que uma renda doméstica anual de 50.000 dólares estava moderadamente ligada à felicidade, mas que uma renda acima disso resultava em redução da relação entre dinheiro e felicidade[89]. O que se constatou é que os americanos que ganhavam 50.000 dólares por ano eram muito mais felizes do que os que ganhavam 10.000 dólares anuais, mas também que os americanos que ganhavam 5 milhões de dólares por ano não eram muito mais felizes do que os que ganhavam 100.000 dólares anuais.

A razão para isso é que quanto mais temos, mais queremos. Podemos achar que se tivéssemos o último tipo de *smartphone*, ficaríamos tão felizes. Mas assim que conseguimos esse aparelho, passamos a desejar o novo *tablet* no mercado. Ao adquiri-lo, só nos contentamos por um tempo e então começamos a desejar outra coisa. As pessoas de maiores recursos podem também achar que têm direito a tudo, o que as deixa desapontadas se suas expectativas não são satisfeitas.

---

* Tropeçando na felicidade [N.T.].

89. GILBERT, D. (2006). *Stumbling on Happiness*. Nova York: Vintage Books.

Imagine que você ganha na loteria e fica rico(a)! Sua felicidade não tem limites e aí gasta tudo em casa, carro, viagens. Mas logo descobre que não consegue mais conviver com o velho grupo de amigos, que sente inveja do seu novo estilo de vida. Começa então a se envolver com gente mais rica que pode ter o mesmo tipo de vida que você leva agora. Mas não demora a perceber no novo grupo algumas pessoas ainda mais ricas que você, que têm um carro melhor, uma casa mais confortável etc. O que o(a) deixa insatisfeito(a) com o que tem, desejando possuir ainda mais.

É a chamada hipótese da esteira hedônica[90], segundo a qual, da mesma forma que ajustamos nossa marcha ou velocidade de corrida à da esteira de ginástica, também ajustamos nosso temperamento e atitudes às circunstâncias da vida. Quem ganha na loteria diz que fica superfeliz após a notícia, mas que a felicidade volta ao normal dois meses depois. Da mesma maneira, pessoas que ficam paralíticas da cintura para baixo voltam a seus níveis básicos de felicidade em poucos meses.

Isso não significa, no entanto, que o dinheiro não é importante para a felicidade. O dinheiro dá acesso a outras coisas que contribuem para a felicidade, por exemplo: passar mais tempo com os filhos, ter mais oportunidades sociais, descansar mais, coisas que nos tornam mais felizes. Mas acreditar que a riqueza, por si só, é medida de sucesso significa não entender o que é o sucesso. Com certeza sucesso tem a ver com felicidade – alguém que é feliz certamente é mais bem-sucedido do que uma pessoa rica, mas infeliz. O dinheiro pode contribuir para a felicidade, mas não é suficiente.

---

90. DIENER, E.; LUCAS, R.E. & SCOLLON, C.N. (2006). "Beyond the Hedonic Treadmill: Revisions to the adaptation theory of well-being". In: *American Psychologist*, 61, p. 305-314.

Quem sofre da SI geralmente mede o sucesso e as realizações em termos materiais (coisas que são tangíveis e bem visíveis) e não em termos imateriais (invisíveis, ocultos) que traduzem autêntica felicidade. É por isso que muitos de nós preferem ganhar 50 mil por ano enquanto todos os amigos ganham 30 mil, em vez de ganhar 80 mil quando todos os amigos ganham 100 mil. No primeiro caso, podemos nos comparar aos outros e nos sentir pessoas "de sucesso", mas no segundo, mesmo ganhando mais, não nos sentimos tão "bem-sucedidos" quanto nossos amigos. Se pudermos desafiar o modo como medimos o sucesso, provavelmente vamos nos sentir mais confiantes de que, afinal de contas, "vencemos".

Anote como você mede o sucesso; o que faria você pensar que "venceu" na vida? Agora desafie as suas maneiras de medir: por que elas indicam o sucesso tanto assim? Por exemplo:

Indicadores de sucesso para mim	Como desafiar isso?
Status e reconhecimento. Quero que as pessoas me vejam como alguém bem-sucedido; não basta me sentir um sucesso.	Quem realmente me importa que faça um julgamento sobre mim? Amigos? Família? Quais amigos? Os verdadeiros amigos não deveriam me dar valor de qualquer maneira?
Dinheiro	De quanto dinheiro eu preciso para receber o rótulo do sucesso? Por quê? Como isso me tornaria mais feliz?

5

O IMPOSTOR SOCIAL
IMPOSTORES FORA DO TRABALHO

Até aqui examinamos a ligação entre SI e o trabalho. Pois é ao trabalho que a síndrome tem sido tradicionalmente associada; poucos estudos e recursos analisam a síndrome fora da área profissional, talvez porque sempre foi vista como algo capaz de segurar as pessoas nas suas carreiras. Mas a sensação de ser uma farsa se estende muito além do local de trabalho, com impacto possível e igualmente importante sobre a confiança da pessoa, sua saúde mental e autoestima. Este capítulo aborda três das principais esferas sociais fora do trabalho em que a Síndrome do Impostor pode florescer, examinando quais as razões e o impacto disso e o que se pode fazer a respeito. Analisaremos os seguintes tipos de impostores: a pessoa bondosa que não acredita que suas boas ações são suficientes, a pessoa popular que acha que não tem amigos o bastante e a pessoa que parece ter tudo, mas não é feliz. Os impostores religiosos são também rapidamente examinados antes de fecharmos o capítulo com dicas e estratégias para ajudar a administrar esses tipos de impostura.

O Bom Impostor

Todos nós já vimos esse tipo – aquela amiga ou conhecido(a) que parece estar sempre realizando boas ações para todos. São os primeiros que se apresentam como voluntários em qualquer situação e passam o tempo livre ajudando os retiros de velhinhos ou tricotando gorrinhos para os bebês do Terceiro Mundo. Levam comida caseira para os doentes e abandonados, disputam maratonas por boas causas e contribuem generosamente nas vaquinhas de aniversário no escritório. Em outras palavras, são pessoas que fazem o bem.

No entanto, raramente conheci uma dessas pessoas benfeitoras que ache estar fazendo um bom trabalho. Se as elogiamos por terem bom coração, invariavelmente dizem "oh, isso não é nada". E para muitas delas não se trata de falsa modéstia – é frequente que se vejam como impostoras fantasiadas de anjos, os anjos que os outros parecem supor que elas são. Além disso, podem mesmo acreditar que tentam fazer o bem, em última instância, por interesse próprio[91].

Um dos programas terapêuticos que desenvolvi para pessoas que se sentem desanimadas é fazer um diário de "10 minutos para a felicidade"[92]. Parte dessa terapia é anotar suas boas ações ou atos aleatórios de bondade. Isso porque já ficou comprovado por pesquisas que ser gentil com os outros e fazer boas ações faz com que a gente se sinta bem e pode até nos tornar mais saudáveis. Pessoas que regularmente praticam boas ações sentem estar contribuindo com a sociedade e ter um propósito na vida. Registrar as nossas boas ações, então, ajuda-nos a perceber que somos bons

---

91. SOLOMON, K. (2017). "Here's why imposter syndrome can be a good thing". In: *Prevention* [Disponível em https://www. prevention.com/life/a20487332/imposter-syndrome-benefits/].

92. MANN, S. (2018). *10 Minutes to Happiness*. Londres: Little, Brown.

e que, assim, acrescentamos valor à sociedade. Mas acho que essa é uma das coisas mais difíceis que peço às pessoas para fazerem; quem me procura tem realmente muita dificuldade em anotar e reconhecer seus atos de bondade. Quando mostro alguma coisa boa que fizeram, apenas dão de ombros e dizem que "não foi nada demais".

Por que isso? Por que tantas pessoas boas acham difícil admitir que o que fazem é bom, gentil, útil, contribuindo para a sociedade? Por que se acham impostoras, isto é, não tão boas e gentis quanto os outros parecem achar que elas são? Claro, muitas pessoas absolutamente boas são também modestas e despretensiosas, mas a Síndrome do Impostor leva isso ao extremo.

Pode haver várias razões para isso, uma delas talvez ligada ao próprio fato de praticar uma boa ação e por que a praticamos. A maioria das pessoas acha que alguém realmente bom é quem faz boas ações desinteressadamente, sem esperar recompensa. Essa é a característica de uma alma verdadeiramente boa. De forma que, quando nossa bondade é reconhecida, queremos ter certeza de não receber qualquer benefício, nem sequer a sensação positiva produzida pelo elogio. Por isso temos que desmerecer a boa ação caso nos beneficiemos dela, o que negaria a própria bondade.

> **BOAS AÇÕES CONTINUAM BOAS SE NOS SENTIMOS BEM POR PRATICÁ-LAS?**
>
> Ser boa e gentil faz a pessoa geralmente se sentir bem, o que pode colocar em questão sua verdadeira motivação. Analisei o tema em 2015 no meu livro *Paying it Forward*[93]. Mas e as pessoas que agem

---

93. MANN, S. (2015). *Paying it Forward*: How one cup of coffee could change the world. Londres: Harper True Life.

> com bondade e gentileza mesmo com grande custo para si mesmas, quando há pouco ou nada a ganhar materialmente ou quando não há ninguém por perto para testemunhar sua generosidade? Com certeza essas pessoas agiriam por puro altruísmo? Pode-se argumentar que mesmo nesses casos é possível que sejam motivadas por interesses egoístas. As pessoas podem ser menos motivadas pelo desejo de melhorar a vida dos outros do que pelo desejo de se sentirem boas, valiosas, superiores ou mesmo um pouco à frente dos outros em matéria, por exemplo, de gentileza – o que as faz se sentirem bem consigo mesmas. Podem até ser motivadas pelo alívio que sentem por saber que ajudaram a diminuir o sofrimento dos outros.
>
> Mas isso não anula a bondade ou gentileza inerentes dos que "fazem o bem". Pessoas motivadas por um forte desejo de ajudar e que se sentem recompensadas pela ajuda devem ser com certeza seres humanos superiores. Quaisquer recompensas que têm certamente não anulam a própria bondade – embora os Bons Impostores possam achar que sim.

Convencemo-nos, portanto, de que a boa ação não foi nada. O problema, no entanto, é que as pessoas continuam dizendo que somos bons. Isso produz dissonância interior – se reconhecemos a verdade no elogio, beneficiamo-nos do próprio ato de bondade e, a nossos olhos, isso significa que já não é mais uma ação boa! Mas passamos a nos sentir como impostores se a negamos – todos dizem que somos bons, mas não somos! É um verdadeiro dilema.

Explicação alternativa para o bom impostor é que ele ou ela geralmente não acha ter feito nada de especial. Em outras palavras, não tem que fazer nenhum esforço para negar a própria bondade – realmente acredita que não foi nada. Exatamente os mesmos processos que afetam as pessoas bem-sucedidas no trabalho operam entre os que têm "sucesso" em agir de modo generoso. Lembrem-se das três características definidoras da Síndrome do Impostor (cf. cap. 1, p. 13). As mesmas poderiam ser aplicadas aqui se substituirmos o "sucesso no trabalho" pelo "sucesso em praticar o bem":

1) Acreditar que os outros têm uma visão exagerada do nosso bom coração.

2) Medo de ser desmascarado como alguém que na verdade não é bom.

3) Persistente atribuição do sucesso (neste caso, o sucesso em ser bom) a fatores externos, como a sorte, dizer que apenas estava no lugar certo na hora certa ou que qualquer um teria feito o mesmo.

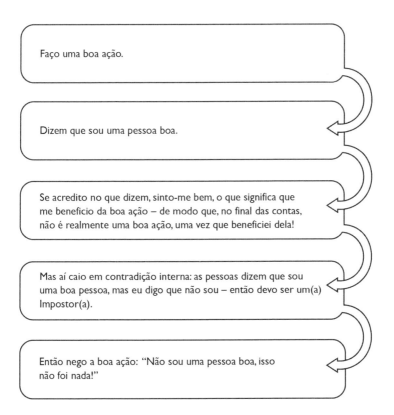

Padrão mental do Bom Impostor

Como as pessoas bem-sucedidas que sofrem da SI no trabalho, o Bom Impostor (ou Boa Impostora) vive com medo de ser descoberto(a) e exposto(a). Pois, afinal, pode dar muitas provas de que não é uma pessoa tão boa quanto todos pensam. Vai anotar e colecionar exemplos de suas omissões de bondade e gentileza para mostrar o contrário do que os outros acham. E então, por "saber" que bem no fundo é uma pessoa ruim que às vezes diz coisas indelicadas ou que passa por um sem-teto sem dar ajuda, acha que é melhor praticar boas ações mais ainda. Mas, como sentem todos os impostores, isso nunca é o bastante, pois nunca consegue se livrar da sensação de não ter toda essa bondade que os outros julgam que tem.

Características definidoras da SI aplicadas ao bom impostor

ESTUDO DE CASO

Aaron é um rapaz dedicado às boas causas. Aos 28 anos, quando me procurou, tinha passado boa parte da vida envolvido em boas ações. Como estudante passou seu ano sabático ajudando a construir escolas na África, voltando depois ao continente quatro vezes. Os recursos para essas viagens ele consegue engajando-se em uma série de campanhas de levantamento de fundos que consomem grande parte do seu tempo; participou de uma corrida amadora, saltou de paraquedas, caminhou sobre brasas e muito mais. Além disso, toda semana passa uma tarde preparando sanduíches na cozinha de sua casa e levando-os para os sem-teto nas ruas da cidade. Se já não fosse o bastante, seu trabalho está ligado a uma instituição beneficente.

Tudo levaria a supor que não há no mundo pessoa que pratica mais o bem do que Aaron. Mas ele procurou a minha clínica porque se sentia desanimado e deprimido. Disse que na verdade não prestava e tinha baixa autoestima. Quando lhe perguntei o que tinha de bom, foi difícil responder. Levou muito tempo para revelar todas as coisas incríveis que faz. Quando eu disse que eram incríveis e com certeza prova de uma pessoa de valor – boa mesmo – ele diminuiu a importância de suas ações. Por quê? "Eu curto", disse ele. Achava que era tão recompensado pelo que fazia – com experiências empolgantes, viagens ao exterior, conhecendo gente nova e interessante – que nenhuma de suas ações podia ser realmente considerada boa.

O pior, disse ele, é que todos reagiam como se ele de fato praticasse o bem, supondo-o uma espécie de santo pela maneira como passava seu tempo livre. Sentia-se a tal ponto uma fraude! Realmente não se achava uma boa pessoa – e, com efeito, deu prontamente vários exemplos das coisas indelicadas que havia cometido.

O calcanhar-de-aquiles do bom impostor ou boa impostora é o valor que dá em ser uma boa pessoa. Para tais pessoas, isso é tudo. Talvez tenham vindo de famílias onde as boas ações e a ajuda aos outros eram valorizadas mais que o sucesso financeiro ou o *status* social. Assim, internalizaram esse valor como algo que deve ser preservado; mas, como outros impostores, são perfeccionistas e, apesar dos muitos atos de bondade que praticam, acham que há ainda muito mais a fazer. Assim, nunca alcançarão aquele alto padrão que a seu ver deve alcançar uma pessoa realmente boa.

Por outro lado, os bons impostores podem ter sido criados com um rótulo de "egoístas" ou mesmo de pessoas ruins. Tal rótulo faz com que se sintam mal, por isso se esforçam além da conta para serem boas pessoas e provarem o contrário da pecha que carregam.

Exatamente como vimos no capítulo 1, o que acontece com os Bons Impostores é que a prática de boas ações pode causar uma dissonância interna se no íntimo não acreditarem que são boas pessoas. Sabem que estão praticando o bem, mas mesmo assim não acreditam que são boas pessoas. Para se livrar dessa contradição têm que se livrar dessa crença – e é mais fácil mudar a ideia de que as ações são boas (não foram tanto assim, pensam) do que mudar a crença sobre si mesmas (devo ser uma pessoa boa, afinal).

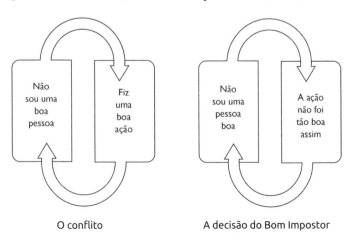

O conflito   A decisão do Bom Impostor

O Impostor Popular

Tenho uma amiga cuja vida parece uma grande e permanente festa. É convidada para tudo – todas as festas da cidade, casamento ou aniversário, são invariavelmente honradas pela sua presença. Se quiser vê-la no fim de semana, você tem que fazer uma reserva com pelo menos três meses de antecedência; como mesas em um restaurante elegante, os lugares ao lado dela são disputados por pessoas ansiosas em desfrutar de sua companhia. Com efeito, ela é conhecida como *miss* popular e se esforça muito para manter a popularidade dando recepções em casa com frequência.

No entanto, quando consegui me espremer ao seu lado num café recentemente, ela confessou que não é tão popular quanto todos supõem. Com efeito, disse, tinha poucos amigos "de verdade" e era mesmo solitária. Contou que sua reputação de ser a alma das festas deixava-a sem jeito porque sabia que não era – em suma, uma impostora.

Não é incomum. Com frequência vejo impostores populares na minha clínica, pessoas (geralmente mulheres) que parecem ter uma saudável coleção de amigos, mas que dizem ser tudo falso e que, na verdade, ninguém gosta delas.

Isso acontece por quê? Como ocorre com todos os impostores, é algo que tem a ver com insegurança e valores; muitas vezes somos inseguros nas coisas que mais valorizamos. E para algumas pessoas a popularidade é tudo, de modo que investem tudo para alcançá-la. Mas até onde é suficiente? Quando se dá o ponto de ruptura para um(a) impostor(a) declarar que não é popular? Provavelmente nunca – como acontece com todos os impostores, quanto mais se tem, mais se quer. Ou a pessoa vai desmerecer suas conquistas da mesma maneira que os outros impostores.

Voltemos às três características definidoras da Síndrome do Impostor e vejamos como se aplicam ao impostor popular:

1) Acreditar que os outros têm uma visão exagerada da nossa popularidade.

2) Medo de ser desmascarado como alguém que na verdade não goza da simpatia dos outros.

3) Persistente atribuição do sucesso (neste caso, o fato de ter amigos) a fatores externos, tal como um esforço contínuo. Os impostores populares em geral se esforçam muito para cultivar a popularidade, dando inúmeras recepções e fazendo contatos constantes com os amigos. Isso também lhes permite desmerecer a aparente popularidade, acreditando que só são convidados para tantas coisas em retribuição à sua hospitalidade, não por serem de fato benquistos.

Características definidoras da SI aplicadas ao Impostor Popular

ESTUDO DE CASO

Marsha veio à minha clínica porque se sentia solitária. Aos 65 anos, enviuvou recentemente e estava muito triste e só. Esperava que ela me contasse que ficava sentada em casa, deprimida, desde a morte do marido, de modo que me surpreendi ao saber que parecia ter uma vida social muito ativa. Jogava *bridge* às segundas-feiras, ia a um clube de tricô às terças, fazia ioga às quartas e frequentava um curso de educação de adultos às quintas. Às sextas ia às compras e cozinhava, porque sempre recebia no fim de semana para lautos jantares. Tinha dois filhos e netos que moravam bem perto e também amigos por todo o país, com os quais conversava ou visitava com frequência, além de ser muito atuante no Facebook.

Fiquei espantada com a falta de ligação entre uma vida social aparentemente saudável e aquele sentimento de solidão. À medida que ela falava, comecei a perceber que sofria de Impostura Popular – para o mundo exterior parecia ser a alma das festas e reuniões, mas sentia que era tudo uma farsa e que na verdade não tinha ninguém que pudesse realmente chamar de amigo. Não considerava amiga verdadeira nenhuma das pessoas que via regularmente nos clubes ou mesmo que recebia nos fins de semana, sentindo assim uma defasagem entre a máscara popular que os outros enxergavam e sua realidade pessoal. Longe de ser popular, sentia-se na verdade uma pessoa triste e solitária.

Depois de algum tempo e esforço, começou a ficar claro que Marsha buscava algo para substituir a proximidade partilhada com o marido – que para ela tinha sido o melhor amigo. Como não tinha isso, não importa quantos amigos fortuitos fizesse, nunca iria sentir que recebia deles o carinho autêntico que o marido lhe dava e que, na opinião dela, deveriam ter os amigos verdadeiros. Foi necessário um certo ajuste para mudar a percepção de Marsha sobre si mesma como uma fraude e alinhar a sua visão interior com a realidade.

Esse é o problema com o(a) impostor(a) popular: confunde os convites sociais com ser realmente uma pessoa querida. Esse tipo de impostor quer ser querido, mas sente que os convites não indicam realmente o quanto o é. E, com efeito, alguns impostores populares têm tantos amigos sociais que é quase como se os colecionasse. Mas é difícil manter um relacionamento muito próximo com tanta gente; a maioria dessas relações será superficial, de meros conhecidos ou amigos casuais, em vez da "autêntica" amizade por que anseia o impostor popular. Assim, esse tipo de impostor sente-se só, sem apoio, e vai dizer que toda a sua popularidade é uma fraude, que não tem amigos verdadeiros.

De quantos amigos precisamos?

O antropólogo evolucionista britânico Robin Dunbar realizou um estudo sobre o número de pessoas com que o indivíduo médio se relaciona[94]. Concluiu que era em torno de 150. Hoje em dia, naturalmente, devemos ter uns 500 "amigos" no Facebook e uns 2.000 seguidores no Twitter, mas de acordo com Dunbar só podemos realmente interagir em algum tipo de relacionamento com 150 pessoas. Mesmo essas 150 não são "amigas", mas simplesmente pessoas com algum tipo de participação em nossas vidas.

Imagine 150 conhecidos dispostos numa série de círculos concêntricos, de modo que no centro estarão os amigos realmente íntimos, com os laços se tornando cada vez mais tênues quanto mais longe do centro. Dos 150, só uns 5 (ou talvez menos) deverão estar em nosso círculo interior (Círculo n. 1): são os verdadeiros amigos, com os quais realmente partilhamos mais a nossa vida, aqueles que nos apoiam e com os quais temos uma ligação emocio-

---

94. HARTWELL-WALKER, M. "How many friends do you need?" In: *Psych. Central* [Disponível em https://psychcentral.com/lib/how-many=friends-do-you-need/].

nal profunda. Interagimos muito com essas pessoas – em geral cara a cara – e partilhamos problemas e preocupações.

O círculo seguinte (Círculo n. 2) deve conter em torno de 15 pessoas, com as quais interagimos e temos alguma ligação, mas que não são realmente os amigos íntimos do Círculo n. 1. Esse grupo tem importância para nós, mas não tanta quanto o primeiro grupo. As relações ainda são afetuosas e recíprocas de certa forma, mas provavelmente não falamos com essas pessoas com tanta frequência e, quando o fazemos, retomamos a conversa onde paramos da última vez que as vimos.

O círculo seguinte (Círculo n. 3) tem talvez cerca de 50 pessoas. São os conhecidos – gente que se conhece e se vê por aí, que gosta de interagir, mas que não procuramos e com a qual não temos qualquer relação além da casual.

No círculo exterior final (Círculo n. 4) estão todos os demais – talvez 80 pessoas que conhecemos e que vemos por aí, mas com as quais não temos qualquer relação significativa. Dizemos "olá" se esbarramos com elas e talvez possamos trocar algumas palavras, conversar um pouco, mas é só.

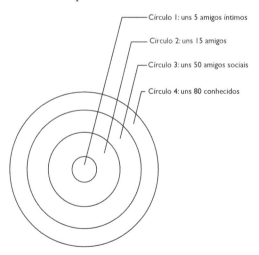

De quantos amigos precisamos?

Todas essas pessoas são importantes para nós. Precisamos dos amigos íntimos para ter apoio e ligação emocional – para sentir que se preocupam com a gente. Precisamos dos dois círculos seguintes para ter uma vida social divertida e satisfazer nossas necessidades de inclusão – quer dizer, a maioria das pessoas precisa se sentir parte de um grupo. E precisamos do círculo exterior porque gostamos de reconhecimento e do conforto de ver rostos conhecidos quando saímos por aí.

O problema dos impostores populares é que estão tão preocupados em provar sua popularidade (para si mesmos talvez) através dos convites sociais que alteram esse delicado equilíbrio e superpovoam os círculos mais externos. Podem ter 100 amigos no Círculo n. 3 assim como mais ou menos 70 no Círculo n. 4. Os círculos exteriores, que são os mais visíveis para os outros, são mais povoados para que assim esses impostores pareçam ter muitos amigos. Mas a realidade é que o seu círculo interior (n. 1) não é maior e é essa discrepância que os faz sentir-se uma fraude. Sua sensação é de que deveriam ter mais amigos verdadeiros no círculo íntimo.

As redes sociais podem ter um grande papel no desenvolvimento desse tipo de impostura. Canais como o Facebook supostamente são plataformas sociais, mas na verdade são bons para colecionar mais gente a preencher os círculos exteriores, não para fazer amigos íntimos – e são com estes que temos necessidade de parar de nos sentir uma farsa.

O impostor de vida encantada

A última categoria de impostor social que quero analisar é a pessoa que aparenta às demais levar uma vida perfeita, encantada, mas que no fundo sente que vive uma realidade bem diferente. A pessoa parece de fato ter tudo – é rica, mora numa casa maravilhosa, faz muitas viagens a lugares exóticos no exterior, tem muitos amigos e uma carreira gratificante (ou uma vida doméstica feliz). Qual poderia ser o problema?

O problema é que mesmo pessoas que parecem ter tudo podem sofrer de impostura se não se sentem satisfeitas. E quanto mais encantadoras e perfeitas pareçam ao mundo exterior as vidas que levam, mais farsantes elas podem se sentir com isso. Com efeito, esse tipo de impostor muitas vezes trabalha duro para manter a fachada de uma vida de sonho, porque não acha que tem o direito de estar infeliz. É um tipo sorridente, alegre e otimista quando está com outras pessoas, para que ninguém descubra o seu vergonhoso segredo – ou seja, o de que, apesar de tudo o que tem, é profundamente infeliz.

Quando a desconexão entre o eu público e o privado é muito acentuada, a pessoa pode cair em depressão, o que só faz com que se sinta pior ainda. Como pode estar deprimida se não tem nada para deprimi-la? Como uma pessoa com uma vida tão encantadora pode se sentir deprimida? O que pode aumentar a sensação de impostura, porque ter problema psicológico dá também a impressão de farsa – "Há pessoas com verdadeiros problemas psíquicos que de fato não estão bem mentalmente. Eu não tenho com o que me preocupar, portanto não posso estar realmente com problemas psicológicos, sou é uma fraude."

Esse tipo de depressão é frequentemente chamado de distimia (ou, às vezes, de "alta depressão funcional"), constituindo um distúrbio do humor sem causa óbvia. Acredita-se que 3% da população podem apresentar esse distúrbio[95], que pode ter mesmo razões genéticas. Pode durar bastante (em alguns casos, anos) e levar a

---

95. COLEMAN, N. "You've got everything so why are you depressed?" In: *The Daily Mail* [Disponível em http://www.dailymail.co.uk/health/article-30500/Youve-got-depressed.html].

pessoa a se sentir inútil, sem saída, achando que a vida não tem sentido. Muitos que sofrem desse distúrbio simplesmente acostumam-se a se sentir assim e, dessa forma, se veem constantemente como uma farsa, apresentando ao mundo uma fachada que esconde a realidade.

> ## ESTUDO DE CASO
>
> Jarid estava aos 42 anos exatamente onde queria estar nesse estágio da vida. Quando adolescente, sonhara fazer seu primeiro milhão aos 25 e ter um Porsche, depois comprar uma grande casa de campo com piscina aos 30. Tinha tudo com que sonhara – esposa, filhos, cachorro e babá. E estava louco para se aposentar cedo, aos 45, exatamente como planejara.
> Mas nos últimos tempos sua vida começou a ficar muito chata. Estava firmemente convencido de que não se tratava de depressão – afinal de contas, estava funcionando muito bem, ia trabalhar diariamente, fazia novos negócios, fechava contratos, recebia clientes etc. Mas simplesmente se sentia entorpecido, como se tivesse alcançado o último estágio das ambições e não soubesse o que fazer com isso.
> Na verdade, à medida que examinamos mais a situação, ele percebeu que não era torpor o que sentia – apenas se entediava e se sentia entorpecido com relação às emoções positivas que achava que devia sentir. Essas emoções estavam ausentes. Mas ele tinha outras, negativas – sentia-se frustrado.

Por que pessoas de vida "perfeita" se deprimem?

Pessoas bem-sucedidas podem ter na verdade uma tendência maior à depressão do que as pessoas sem sucesso. O índice de altos executivos (CEOs) com depressão pode ser mais do dobro que o das outras pessoas, e crianças ricas são mais deprimidas e ansiosas do que crianças das camadas de renda média ou baixa[96]. Além disso, a depressão é mais comum nos países ricos do que nos menos desenvolvidos e industrializados. É claro, portanto, que o sucesso e a riqueza podem tornar as pessoas mais suscetíveis à depressão e não menos. Pode parecer que elas têm tudo, mas muitas são impostoras, vivendo na verdade com uma infelicidade oculta.

Uma importante razão para isso pode ser uma falta de sentido em suas vidas: as pessoas que têm tudo podem se indagar mais sobre o que tudo isso significa, ao contrário das que ainda aspiram chegar ao topo ou simplesmente sobreviver. Quando temos sonhos, eles constituem os nossos objetivos e nos dão ímpeto, mas o que acontece quando os sonhos já foram realizados e a vida é "perfeita"? Todo mundo precisa de objetivos para dar sentido à vida e as pessoas que alcançaram sucesso material podem ter a sensação de que já não há nada a buscar – suas casas são perfeitas, alcançaram o topo da profissão, saem de férias quando e para onde querem, seus filhos têm alto aproveitamento. O que lhes resta desejar?

A busca de sentido é abrangente entre os seres humanos; como diz Yogita Aggarwal, "o sentido está no coração da nossa experiência e de tudo o que fazemos. É apenas através do sentido que damos significado à nossa existência"[97]. A maioria das pessoas não tem muito tempo para pensar no sentido da vida ou refletir sobre o significado da sua – estamos muito ocupados buscando os nossos objetivos. Essas aspirações passam a ser o nosso propósito. Só quando atingimos a "perfeição" é que paramos para pensar de que

---

96. WALTON, A. (2015). "Why the super-successful get depressed". In: *Forbes* [Disponível em https://www.forbes.com/sites/alicegwalton/2015/01/26/why-the-super-successful-get-depressed/#5974f9c23850].

97. AGGARWAL, Y. "The importance of meaning in life". In: *All about psychology* [Disponível em https://www.all-about-psychology.com/the-importance-of-meaning-in-life.html].

serve tudo isso. Ou então mudamos nossos valores, de modo que as coisas que desejamos antes já não têm mais sentido.

De acordo com o psicólogo Victor Frankl, sobrevivente do Holocausto, o sentido tem uma série de funções importantes para nós[98]. Primeiro, dá um propósito a nossas vidas. Sem um propósito podemos ficar sem rumo e desmotivados – o que leva ao desânimo e à distimia.

Segundo, o sentido provê os valores ou padrões pelos quais julgamos a nós mesmos. Se nossas vidas parecem não ter sentido, como vamos julgar se temos sucesso ou não? Podemos ter a casa dos sonhos e uma vida perfeita, mas nossa medida de satisfação pode ter mudado com a mudança de sentido.

Terceiro, o sentido nos dá valor próprio. Se achamos que temos uma vida sem sentido, ficamos incomodados com quem somos. E muitas pessoas que "têm tudo" passam a se perguntar se há mais alguma coisa na vida além de riqueza e sucesso – e, se há, acabam achando que não alcançaram o sucesso que pensavam ter atingido.

As pessoas têm diferentes noções sobre o que seja um sentido, mas para muitos impostores de vida encantada é a falta de sentido que cria a dissonância entre suas vidas aparentemente perfeitas e o verdadeiro eu subjacente.

Uma palavra sobre o Impostor Religioso

Enquanto escrevia este livro, passei por acaso a ter conversas com uma pessoa profundamente religiosa e espiritualizada que conheço. Eram conversas bastante inspiradoras e disse isso a ela. A reação a esse comentário foi que visivelmente empalideceu e se encolheu antes de começar uma longa explicação, dizendo que não

---

98. FRANKL, V. (1978). *The unheard cry for meaning*. Nova York: Simon & Schuster.

era o modelo religioso e santificado em que eu parecia acreditar. A pessoa estava equivocada, claro – apenas sofria de uma forma da SI que chamo de impostura religiosa ou espiritual.

Os impostores religiosos ou espirituais são pessoas profundamente religiosas que podem até ser líderes ou modelos em suas comunidades. No entanto, por terem às vezes dúvidas sobre sua fé (quem não tem?) e seus pecados (também quem não tem?), passam a ser perseguidas pela ideia de que não são tão religiosas e espirituais quanto todo mundo acha. Sofrem o mesmo tipo de preocupações e medos de qualquer outro impostor, sentindo-se farsantes por tentar ocultá-los.

Dicas e estratégias

Além das dicas e estratégias sugeridas aqui, reveja as dos capítulos anteriores para obter mais ajuda.

Para todos

Exercício 1: Reconheça as boas ações

Reconheça todos os atos de bondade que realizar, por menores que sejam, registrando-os num diário de "boas ações". Examine cada um com cuidado e se pergunte se e até que ponto os consideraria atos de bondade se fossem realizados por outra pessoa. Há uma grande chance de que de fato os veja como bons atos. Isso ajuda a perceber que você não é um(a) impostor(a) e que está realizando realmente autênticos atos de bondade.

Exercício 2: Valorize os verdadeiros amigos

Escreva os nomes das pessoas em seus círculos de amigos, usando como guia o diagrama abaixo. Os do círculo central são aqueles em que pode confiar e com os quais de fato se abre. Estes são os mais importantes, não o grande número de conhecidos que pode ter nos outros círculos.

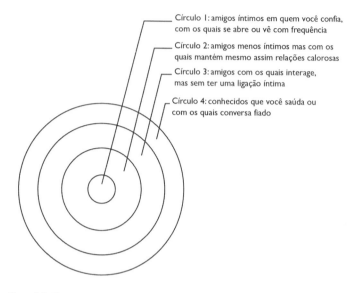

Exercício 2

Exercício 3: Cuidado com as redes sociais

Expliquei em vários pontos ao longo deste livro como as postagens "perfeitas" em redes sociais podem contribuir para a Síndrome do Impostor. Para solucionar esse problema deve-se usar as redes sociais de forma responsável e parar de reproduzir a cultura da perfeição, seguindo algumas regras simples:

• Resista à tentação de postar na rede destaques "perfeitos" e editados de sua vida. Toda vez que quiser postar alguma coisa, pergunte-se por que está fazendo isso, qual é o seu objetivo com aquela postagem específica. Por que realmente está postando aquilo? Seja honesto(a) – se é só para impressionar os outros, não poste.

• Poste umas fotos menos perfeitas. Tenha mais honestidade com a sua presença na rede.

- Bloqueie ou mantenha menos contato com pessoas que usam as redes sociais para exibir suas vidas "perfeitas", concentrando-se nos amigos que deixam ver lados menos róseos.
- Faça regularmente um balanço das suas ligações na rede. Só siga ou trave amizade com quem realmente acrescenta alguma coisa a sua vida e não faça você se sentir para baixo com postagens sempre perfeitas.

Exercício 4: Faça um diário "comparativo"

Quantas vezes no dia você se compara com os outros ou compara a sua vida com as vidas dos outros? Uma vez? Cinco? Dez? Pode nem ter consciência de estar fazendo isso. Escolha um dia para começar e de manhã defina sua intenção para poder depois perceber toda vez que fizer uma comparação. Aí, quando perceber isso, anote a comparação em um diário (cf. abaixo). Isso vai ajudar você a estar alerta para esses processos menos conscientes e a notar o que desencadeia as comparações (i. e, as situações em que são mais prováveis).

Nem todas as comparações são inúteis, claro. Às vezes comparar o nosso progresso ao de outras pessoas semelhantes a nós ou mesmo ao de uma figura modelo pode nos ajudar a ver como estamos indo e a ter certeza de que seguimos o rumo certo. De modo que o seu diário deve conter informação suficiente para permitir que distinga entre comparações adequadas e inadequadas. São inadequadas quando você fica obcecado(a) com elas, quando se compara a pessoas inadequadas (celebridades ou gente com muito mais recursos) ou simplesmente quando as comparações claramente afetam o seu bem-estar. Se você se sente mal com ela em vez de ter um estímulo para a ação, então provavelmente a comparação é inútil.

Dia/hora da comparação	Com quem você se comparou	O que provocou a comparação	Que aspecto da vida foi objeto da comparação (p. ex., bens, aparência, realização no trabalho, sucesso dos filhos etc.)	Como você se sentiu com a comparação
Quinta-feira, 11 da manhã	Andy, um velho amigo	Ele postou no Facebook uma foto de sua viagem de férias	O sucesso dele (o fato de poder pagar essas férias caras), a aparência dele (ainda está ótimo) e a esposa bonita	Mal. Nem de longe tenho o sucesso e a aparência dele, apesar de sermos da mesma idade

Depois que fizer isso por algum tempo, deverá ser capaz de identificar os gatilhos que desencadeiam as suas comparações e então removê-los de sua vida ou aprender a lidar com eles (o que requer mais força, mas é provavelmente mais saudável a longo prazo). Pode fazer isso revendo suas "listas positivas" (cf. Exercício 1) e observando o que é bom na sua vida. Lembre-se, também, de que está apenas vendo destaques editados da vida alheia – ninguém realmente sabe o que, nem como, é a vida alheia. É bem provável que a vida dos outros não seja lá essa maravilha que parece ser. Quanto mais perceber e reconhecer o que de fato, e quão inúteis, são as comparações, menos irá envolver-se com elas e saberá lidar melhor com a sua SI.

6

PAIS IMPOSTORES
A PRESSÃO PARA SER UM PAI OU MÃE PERFEITOS

Uma forma relativamente nova da Síndrome do Impostor é a de mães ou pais excelentes que secretamente se sentem ruins. Este capítulo vai examinar o pano de fundo, a origem do fenômeno – incluindo as pressões competitivas para ser o melhor pai ou mãe do mundo e ter a melhor residência possível, assim como as expectativas da sociedade e das redes sociais – e ver o que se pode fazer a respeito, antes de concluir com algumas estratégias para lidar com as sensações dos pais impostores.

A pressão para ser um pai ou mãe perfeitos

Por um lado, vivemos uma época ideal para criar os filhos – a sociedade moderna é muito voltada para as crianças, com muitas atividades e entretenimento para elas. Mas, por outro lado, há muito mais pressão agora para ser um pai ou mãe perfeitos; 80%

das mães da geração do milênio em uma pesquisa americana afirmaram que é importante ser uma "mãe perfeita" (contra 70% na geração anterior, a chamada Geração X)[99]. Outra pesquisa indica que ter que lidar com muitas demandas, tais como manter uma alimentação sadia para a família e planejar atividades que agradem a todos, faz com que 75% dos pais atualmente ainda digam que se sentem pressionados para ser "perfeitos"[100]. São potencialmente muitos pais batalhando para chegar a uma perfeição que nunca será alcançada – e que estão, portanto, correndo o risco da impostura: pais que nunca se sentem bons o bastante, apesar dos testemunhos e óbvia comprovação dos seus esforços.

Essa pressão para alcançar o que um pesquisador chama de "perfeccionismo dos pais" provavelmente começou para valer após a Segunda Guerra Mundial, quando as mulheres passaram a entrar no mercado de trabalho em maior número. As normas para criação dos filhos começaram a mudar, especialmente para as mães, que já não se contentavam em ser "boas o bastante" ao prover as necessidades básicas das crianças e deixá-las muito mais por conta própria com suas coisas, passando agora a um ideal de "maternidade intensiva" que continua a ser a norma hoje em dia. Esta norma, explica a autora do Projeto Novos Pais, estudo em curso com 182 casais que trabalham e tiveram o primeiro filho em 2008-2009, estabelece que ter e criar filhos deve ser uma tarefa "absorvente, tanto em termos emocionais quanto de tempo, e deve ser orienta-

---

99. CARTER, C. (2016). "Why so many Millenials experience imposter syndrome". In: *Forbes* [Disponível em https://www.forbes.com/sites/christinecarter/2016/11/01/why-so-many-millenials-experience-imposter-syndrome/2/#38fe0edc31ea].

100. SWNS (2017). "Myth of the perfect parent is driving Americans nuts". In: *New York Post* [Disponível em https://www.nypost/2017/09/08/myth-of-the-perfect-parent-is-driving-americans-nuts/].

da por especialistas"[101]. É um estilo de criação relativamente novo chamado "cultivo combinado", focado em determinadas tentativas de oferecer aos filhos experiências e atividades para ajudá-los a desenvolver plenamente seus potenciais e habilidades dos pontos de vista intelectual e social.

Talvez seja uma tentativa de substituir a perda dos cuidados primordiais do ambiente doméstico, mas que pode criar uma enorme pressão sobre os pais, facilmente pegos na armadilha de pensar que qualquer falha de sua parte em prover contínuas experiências educativas e enriquecedoras terá um impacto negativo no futuro dos filhos. Os jovens pais são bombardeados com mensagens dos meios de comunicação e propaganda para estimular os filhos se quiserem que alcancem as nebulosas alturas que com certeza aspiram para eles. Se não lhes fornecerem um ambiente enriquecedor para os cérebros em desenvolvimento, terão fracassado em sua missão como pais.

A DUQUESA DE CAMBRIDGE E A PRESSÃO PARA SER PERFEITA

Quando a duquesa de Cambridge apareceu, imaculada, para uma sessão de fotos poucas horas depois de dar à luz o terceiro filho, em abril de 2018, muitos acharam que isso foi um desserviço às novas mamães, aumentando a pressão para que pareçam "perfeitas" cedo demais após o parto. Muitas mães acusaram Kate de passar uma "imagem irreal" com uma aparência tão lépida, composta e perfeita da cabeça aos pés – desnudos sobre elegantes escarpins[102].

---

101. SCHOPPE-SULLIVAN, S. (2016). "Worrying about being a perfect mother makes it harder to be a good parente". In: *The Conversation* [Disponível em http://theconversation.com/worrying-about-being-a-perfect-mother-makes-it-harder-to-be-a-good-parent-58690].

102. MOWAT, L. (2018). "'That's Not inspiring!' – Radio host slams Kate's immaculate look 7 Hours after giving birth". In: *Daily Express* [Disponível em https://www.

> Mesmo a duquesa, no entanto, havia lamentado anteriormente "a pressão para ser uma mãe perfeita, fingindo que estamos dando conta de tudo às mil maravilhas e adorando cada minuto" – palavras que soam bastante a impostura.
>
> Outro exemplo disso foi o anúncio de famosa marca de sabão na estação Waterloo do metrô de Londres mostrando uma "mãe perfeita", para depois a indústria admitir que foi um truque para enfatizar o estresse que sofrem as mulheres ao tentar essa perfeição. Uma pesquisa encomendada pela empresa constatou que nove entre dez mães sentem pressão para serem perfeitas e mencionam imagens maravilhosas representando a maternidade nas redes sociais e nas revistas como chaves para esse estresse[103].

Essa pressão para estimular os filhos começa mesmo antes de nascerem. Se você buscar na internet "como estimular o bebê no ventre materno", mais de 300.000 páginas vão aparecer, mostrando que isso está virando um desejo bem generalizado dos novos genitores, que querem dar aos descendentes um começo de primeira. Até pouco tempo atrás, os conselhos sobre cuidados com um bebê em gestação limitavam-se à alimentação saudável da gestante, evitando álcool, drogas e certos tipos de comida; agora, os pais que esperam um bebê são pressionados a colocar música (de preferência Beethoven) e até ler para a criança ainda não nascida se quiserem ser pais perfeitos.

---

express.cp.uk/news/royal/951215/kate-middleton-royal-baby-photos-meshel-laurie-kensington-palace-twitter].

103. LALLY, M. (2017). "There's no such thing as the perfect mother – let's drop the guilt". In: *The Telegraph* [Disponível em https://www.telegraph.co.uk/women/family/no-thing-perfect-mother-drop-guilt/].

ESTUDO DE CASO

Jackie, 43 anos, veio à minha clínica porque estava deprimida. Entre os seus pensamentos e crenças depressivos estava a sensação constante de que não era uma mãe boa o bastante. Tinha três filhos e o mais velho era um rapaz de sucesso, líder na escola e com resultados fantásticos nos exames, que o levaram a ingressar na Faculdade de Medicina.

Mas o segundo estava vivendo realmente uma luta, não tanto com o desempenho escolar, mas com questões psicológicas. A situação era tão ruim que começou a matar as aulas, estava se misturando com uma "turma ruim" e foi pego certa vez fumando maconha. Jackie estava muito preocupada com ele, mas sua preocupação ia além: estava convencida de que devia ser uma péssima mãe para criar um filho com tantos problemas.

Aí, quando chega o bebê, a busca para ser um pai e uma mãe perfeitos engata uma segunda marcha. Novos pais são instados a escolher brinquedos "estimulantes"; há produtos para bebês e crianças pequenas com nomes tipo Baby Einstein, Bebê QI e Mente Brilhante, tudo aparentemente destinado a estimular o cérebro em desenvolvimento. Isso implica que deixar de comprar os brinquedos certos significa que o filho não vai desenvolver todo o seu potencial – fazendo dos genitores um fracasso.

Mas a escolha dos brinquedos é tão complicada: como é que um pai ou uma mãe vai saber quais são os melhores? E se errarem? Como disse um comentarista, "[s]er mãe ou pai é realmente um trabalho árduo. É, na verdade, o pior trabalho de todos, simplesmente por ser o mais importante! Exercemos enorme pressão sobre nós mesmos (e sobre os outros) para fazer sempre a coisa certa"[104].

Então, além de comprar brinquedos inspiradores, espera-se também que os pais procurem cursos especiais e programas de aprimoramento para bebês. Na minha cidade, Manchester, no Reino Unido, já contei mais de 100 desses cursos oferecidos para crianças pequenas (até recém-nascidos). Se um pai ou mãe não tem tempo (e energia) para estar disponível a todas essas atividades, não é de admirar que possa se sentir em falta com os filhos.

---

104. WILLIS, O. (2016). "Feeling like a fake – dealing with parent imposter syndrome". In: *The Independent* [Disponível em https://www.independent.ie/life/family/mothers-babies/feeling-like-a-fake-dealing-with-parent-imposter-syndrome-34394121.html].

ESTUDO DE CASO

Chloe, 29 anos, é mãe de Jacob, que tem 1 ano e meio. Diz ela: "Acho realmente importante garantir que ele tenha o estímulo correto para o seu desenvolvimento mental. De jeito nenhum posso deixar que ele perca tempo – estes são os meses mais importantes, quando o cérebro se desenvolve bem rápido. Quero valorizar cada minuto. Nossa rotina é bastante intensa, tento dar a ele várias experiências diferentes para estimular todos os sentidos e áreas cerebrais para o seu desenvolvimento físico e social. Temos sempre uma atividade de manhã e outra de tarde, de segunda a sexta, e nos fins de semana visitamos fazendas e museus e vamos às compras, que tento também transformar numa experiência educativa para ele. Jacob tem um monte de brinquedos educativos, inclusive *laptops* e *tablets* de brinquedo e outros que tocam música. Troco os brinquedos regularmente para ele não se entediar – guardo os antigos e substituo por outros para ele sempre ter um bocado de novidade."

O problema é que, apesar dessa rotina pesada, Chloe acha que não está fazendo o bastante. Fica preocupada, pensando se não escolheu as atividades erradas para o filho – há tantas para escolher. Será que lhe dá os brinquedos "certos"? Pergunta-se até se não seria melhor para Jacob se decidisse mantê-lo em casa o tempo todo, em vez de colocá-lo numa creche – tem lido tantos artigos sobre como uma boa creche pode estimular o desenvolvimento da criança. Toda essa preocupação deixa-a exausta – nunca acha que está fazendo as coisas certas nem o bastante.

Essa pressão é em parte alimentada pelo que um comentarista chama de "competição materna", que é a competição de mães (e pais também) para mostrar a melhor imagem possível dos filhos. Um estudo sobre o tema mostrou que 64% das mães acreditam que criar um filho hoje em dia é mais competitivo do que jamais foi[105]. A competição decorre da insegurança dos pais que precisam de validação social para confirmar suas opções e decisões.

Redes sociais aumentam a pressão

As redes sociais alimentam a pressão por validação social, especialmente para os pais da geração do milênio acostumados a documentar cada passo, cada sucesso e realização. Quase 90% da Geração do Milênio (cf. quadro a seguir) são usuários das redes sociais, contra 76% da geração anterior (a Geração X) e 50% da que a antecedeu (a da explosão populacional ou do Baby Boom)[106]. O resultado de toda essa atividade nas redes sociais é que estão postando na internet "uma versão impossível e acabada de vida familiar impecável"[107].

---

105. STEINMETZ, K. (2015). "Help! My parents are Millenials". In: *Time Magazine* [Disponível em http://www.wp.lps.org/tnettle/files/2015/03/Help-My-Parents-are-Millenials.pdf].

106. Cf. nota 104.

107. Cf. nota 105.

Rótulos das gerações	
Geração do Baby Boom (explosão populacional)	Avós da Geração Z, nascidos após a Segunda Guerra Mundial (entre 1945 e 1964)
Geração X	Os pais de hoje que têm jovens filhos adultos ou adolescentes
Geração do Milênio	Jovens adultos de hoje nascidos entre 1981 e 2000*
Geração Z	Adolescentes de hoje, nascidos entre 2001 e 2009*
Geração Alfa	Filhos da Geração do Milênio, nascidos a partir de 2010

Os pais sempre se vangloriaram das qualidades dos filhos, isso não é novo. Mas as redes sociais permitem um nível de fanfarronice que vai muito além do que tiveram que suportar as gerações anteriores. No passado, se os pais queriam fazer alarde de seus rebentos, tinham que prender a atenção de outra pessoa por alguns minutos e, possivelmente, sacar uma foto da carteira. Quando a conversa terminava, o orgulho gabola era logo esquecido, lançado às turvas profundezas da memória.

Agora é muito mais fácil se gabar e de forma bem mais permanente. Não é preciso levar consigo a foto de nenhum orelhudo para mostrar aos outros. Pode-se levar mil fotos digitais num *tablet* ou celular e impingi-las a todos, "amigos" e seguidores. Uma pesquisa revelou que 46% dos pais da Geração do Milênio já postou uma foto dos filhos ainda no ventre ou antes

---

* O original registra a Geração do Milênio entre 1981 e 1996 e a Geração Z entre 1997 e 2009. Esta tradução brasileira, de 2020, considerando as classificações ainda

de completarem 1 dia de vida após o nascimento, contra 10% da Geração X[108]. Não é preciso mais depender das fotos pré-digitais nada perfeitas de antigamente. Como disse um comentarista, "ser pai hoje é principalmente divulgar os triunfos e sucessos que podem ser exibidos, uma vez que somos julgados como pais por esses resultados"[109].

Claro, a vida real não é filtrada e tanto a pessoa que posta quanto a que vê essas imagens higienizadas de família pode ser vítima da SI: aquela devido à defasagem entre a perfeição exibida e a sua efetiva realidade, esta devido à defasagem entre a perfeição postada pelos outros e a vida real que leva. Pesquisas mostraram que pais mais preocupados com o que outras pessoas pensam deles têm menos confiança em sua capacidade de criar os filhos, revelando maior nível de estresse os que usavam o Facebook[110].

Pais inseguros de hoje

Mas por que os pais atualmente se deixam prender nessa armadilha das comparações nas redes sociais? Eu diria que o frenesi de postagens é por se sentirem inseguros como pais. Perturbados pela dúvida em si mesmos, precisam ser tranquilizados por comentários e *likes* de que estão fazendo um bom trabalho. Parece que essa necessidade de validação social aumentou de geração para geração, mas não está claro se isso se deve aos meios de comunicação

---

válidas de forma geral, faz ligeiro ajuste para não incluir na Geração Z "adolescentes" que teriam até 23 anos hoje [N.T.].

108. Cf. nota 105.

109. DEGWITZ, M. (2017). "How to resist the lure of competitive parenting". In: *Aleteia* [Disponível em https://aleteia.org/2017/11/09/how-to-resist-the-lure-of-competitive-parenting/].

110. Cf. nota 101.

que não existiam antes ou se é porque os pais são realmente mais inseguros hoje.

Com certeza ter filhos hoje é diferente. Para começo de conversa, as pessoas estão formando família mais tarde do que nas gerações anteriores. A média de idade de uma mãe de primeira viagem no Reino Unido chegou ao recorde histórico de 29,8 anos, contra 21 anos em 1970[111]. Uma das razões pode ser que as expectativas da mulher em relação à maternidade são maiores hoje em dia, especialmente se é uma pessoa bem-sucedida em outras áreas da vida, por exemplo o trabalho. Pode ser que espere obter com o mesmo esforço na maternidade um nível de satisfação semelhante ao que tem na carreira – acabando por se desapontar amargamente com uma realidade em que o "sucesso" pode parecer muito mais difícil de alcançar.

Além disso, a criação hoje em dia é muito mais focada na construção de resistência psicológica do que propriamente na sobrevivência; antigamente os pais não se preocupavam em formar a autoestima e a autoconfiança dos filhos, nem sentiam a necessidade de constantemente dar provas de um amor incondicional como acontece com os pais atuais[112]. Esses conceitos menos palpáveis são muito difíceis de medir – como é que um pai ou mãe realmente sabe que está fazendo a coisa certa? Nas gerações anteriores, os pais sabiam que fizeram o certo se os filhos estivessem vivos e progredindo; as metas hoje em dia são muito mais amplas.

---

111. BINGHAM, J. (2013). "Average age of women giving birth is now nearly 30". In: *The Telegraph* [Disponível em https://www.telegraph.co.uk/women/mother-tongue/10380260/Average-age-of-women-giving-birth-now-nearly-30.html].

112. HARRIS, J. "Parenting styles have changed but children have not". In: *Edge* [Disponível em https://www.edge.org/response-detail/11859].

> ## ESTUDO DE CASO
>
> Jessica é uma gerente bem-sucedida de RH que trabalhou duro para chegar onde chegou. Planejou a gravidez para o momento certo a fim de encaixar com as férias de verão no emprego e esperou até ter segurança financeira e se sentir plenamente confiante na carreira – aos 30 anos. Planejou o parto nos mínimos detalhes e leu todos os livros e revistas que pôde para futuras mamães. Dedicou ao projeto maternal o mesmo rigor que tinha na vida profissional e estava confiante de que, quando chegasse a hora, estaria preparada e saberia o que fazer.
> Os problemas começaram quando o parto que planejara deu errado; a expectativa por um parto na água virou uma cesárea de emergência. Depois, começou a lutar para se entender com o bebê, que era complicado de amamentar e raramente dormia mais de duas horas seguidas. Exaustivo. Pior: Jessica começou a achar que era tudo culpa sua, que não tinha jeito para ser mãe. Saía-se tão mal no novo papel que decidiu simplesmente voltar ao trabalho, onde se sentia mais confiante e senhora de si. O marido concordou e contrataram uma babá. Jessica voltou ao trabalho três meses depois de dar à luz – e começou a se sentir culpada por abandonar o filho. Fizesse o que fosse, dava tudo errado.

Os pais de hoje também dão menos importância à disciplina e mais às demonstrações de amor. Parecem querer ser "amigos" dos filhos, partilhando coisas com eles e orientando-os, em vez de "dirigi-los" com ordens e técnicas de comando; querem menos regras e diretrizes para as crianças[113], mas com isso podem acabar se sentindo inseguros sobre qual o melhor caminho a seguir. Assim, se os pais da Geração X insistiram com os filhos para comer legumes

---

113. [Disponível em https://www.thecut.com/2016/06/is-it-really-possible-for-parents-to-be-friends-with-their-kids.html].

senão não teriam sorvete, os pais do milênio tendem mais a negociar com as crianças relutantes para tentar induzi-las a ingerir verduras ("Quer experimentar um pedacinho de brócolis? É muito bom para a saúde!"). A negociação pode ser mais justa, mas dá às crianças a opção de dizer não; a velha técnica do suborno é em geral bem mais persuasiva para uma criança que realmente está a fim da sobremesa. Mas isso pode deixar os pais do milênio confusos e inseguros, sem saber por que as técnicas educacionais que todos aconselham hoje em dia parecem simplesmente não funcionar – será que estão cometendo algum erro como pais?

Também é menos provável que façam parte de uma grande família ou comunidade como acontecia em gerações passadas, não tendo assim a mesma facilidade para o valioso aconselhamento e validação disponíveis antigamente. Não faz muito tempo, os conselhos para os pais limitavam-se praticamente a fazer o que as gerações anteriores haviam feito, com as mesmas opiniões, ou quase, expressas de modo geral por amigos, vizinhos ou qualquer pessoa a quem se consultasse. Agora a internet permite buscar ajuda mundo a fora, mas é menos provável a proximidade geográfica com a própria família comunitária para um suporte mais prático.

A internet é obviamente uma ótima fonte de informação para os pais, mas na verdade pode causar mais insegurança; tem tantos dados, tantos conselhos, que podem deixar os pais mais confusos do que nunca. Antigamente, podíamos ter visões conflitantes de uma ou duas pessoas, mas agora temos uma infinidade de opiniões sobre tudo. Conselho em excesso nem sempre é útil e nos deixa mais confusos, ansiosos e inseguros. Tanta informação faz uma mãe lamentar: "Estou sob constante assédio, sempre me monitorando e condenando os meus erros"[114].

---

114. Cf. nota 105.

O problema é que, atualmente, parece que os pais não sabem quais são as regras – ou, mesmo, se há alguma regra. Na era vitoriana e antes, parecia haver regras claras sobre a criação dos filhos. Todo mundo sabia o que fazer com as crianças, como lidar com elas. Agora vale tudo, mas isso pode simplesmente deixar muitos pais aturdidos e confusos. Uma pesquisa mostrou que os pais americanos sentem culpa em média 23 vezes por semana sobre decisões que acham ter sido um pouco fora dos padrões na criação dos filhos e que um quarto deles se questiona regularmente sobre as decisões tomadas[115]. E, como outros tipos de impostores, muitos acham também que, se têm de perguntar o que fazer ou buscar ajuda, é porque falharam como pais.

Olivia Willis, fundadora de um site irlandês voltado para os pais, www.familyfriendlyhq.ie, declarou recentemente ao *Irish Independent* que, sem regras e diretrizes claras, a dúvida em si mesmos pode se tornar abrangente nos pais impostores. O que, segundo ela, pode levar os pais a sentir "uma vergonha dissimulada pela fachada que ostentam" e a duvidar de sua capacidade, "acreditando que qualquer sucesso que tiveram como pais foi meramente por acaso"[116].

Outro fator-chave que pode deixar os pais inseguros (e assim sujeitos à SI) é que ser pai ou mãe não é um emprego cujos resultados efetivos se evidenciam de imediato. Afinal, qual é o objetivo de ser uma boa mãe ou um bom pai? Não é ter filhos que saibam calçar um par de meias que combinem, comer no lanche a pasta caseira de homus* ou ganhar a competição de récita de poesia na

---

115. Cf. nota 100.
116. Cf. nota 104.
* Pasta de grão de bico, sementes de gergelim, azeite de oliva, alho e limão, de origem árabe [N.T.].

escola, ou é? Em meio a essas minúcias do dia a dia, às disputas estimuladas por mamãe e a toda a pressão por uma criação perfeita, é fácil perder de vista a questão central na educação infantil? Que é com certeza a formação de pessoas que serão adultos bem ajustados, independentes e de sucesso (seja lá o que isso signifique).

O problema é que esse é um objetivo a longo prazo e os seres humanos são péssimos em esperar 18 anos (ou mais) para saber se fizeram um bom trabalho. Como diz uma experiente mãe adotiva, "[s]ão os resultados a longo prazo o que realmente importa afinal e nós só saberemos isso depois de décadas"[117]. Então nos voltamos para as pequeninas coisas para provar a nós mesmos que estamos no caminho certo a fim de produzir esses superadultos com que sonhamos. E as pequeninas coisas logo se tornam tudo, menos quinquilharias; de repente, toda a nossa capacidade como pais depende da habilidade de fazer uma trança perfeita de cabelo ou de criar um foguete a jato com rolos de papel higiênico para um trabalho de casa que vai causar inveja nos outros pais. Pior, projetamos essa insegurança sobre nossos filhos, de modo que nosso próprio sucesso como pais passa a depender do sucesso deles como crianças: se não conseguem ter um grande desempenho, começamos a achar que falhamos. E, se falhamos, é porque não somos bons o bastante. Apesar dos nossos esforços, ainda não somos bons o bastante – e aí passamos a nos sentir uma farsa; até a experiente mãe adotiva Emily McCombs admite: "Há dias nos quais me sinto uma fraude"[118]. Olá, Síndrome do Impostor!

---

117. McCOMBS, E. (2017). "I think I have imposter syndrome but for parents". In: *Huffington Post* [Disponível em https://www.huffingtonpost.co.uk/entry/i-tink-i-have-imposter-syndrome-but-for-parents_us_58dbcadbe4b0cb23e65d4f38?guccounter=1].

118. Ibid.

Mesmo quando temos sucesso, as pequenas vitórias são desprezadas como se não tivessem importância ou fossem produto da sorte e não da nossa capacidade; como diz Olivia Willis, "[n]ão importa o quanto se tenham preparado e planejado e acompanhado os filhos, sempre vão achar que poderiam ter feito melhor ou que simplesmente foram bafejados pela sorte"[119]. Não importa que consigam ensinar coisas básicas ao filho de apenas 8 meses de idade ou que sejam elogiados pelo bom comportamento da criança, mesmo assim simplesmente não acreditam que sejam bons pais. Diz um comentarista que os pais de hoje "podem chegar literalmente à beira da loucura com as coisas que são capazes de fazer pelos bebês, mas mesmo assim não acham que é o suficiente"[120].

Criação em estufa, "mamães tigresas" e SI

Quando as crianças chegam à idade escolar, a pressão sobre os pais para constantemente estimular e educar os filhos vai muito além da mera escolha de uma escola adequada. Eles se sentem pressionados também a preencher todas as horas da criança durante o dia com enriquecedoras atividades extracurriculares para dar ao filho uma "vantagem" num mundo cada vez mais competitivo. Uma pesquisa revelou que em 2014 as crianças das escolas primárias de Londres (com menos de 11 anos de idade) tinham em média 3,2 atividades extracurriculares por semana[121]. Como algumas, obviamente, ultrapassam essa média, conclui-se que boa parte delas – talvez a metade – faça aulas extras todas as noites.

---

119. Cf. nota 104.

120. *Parenting shifts in the last century* – A mother far from home blog [Disponível em https://amotherfarfromhome.com/howhasparentingchangedinthelastcentury/].

121. EDGAR, J. (2014). "Give your child time to be bored, pushy parents are urged". In: *The Telegraph* [Disponível em http://www.telegraph.co.uk/education/educationnews/10556523/Give-your-child-time-to-be-bored-pushy-parents-are-urged.html].

Forjou-se para esse modelo educacional adotado atualmente pelos pais o conceito de "criação em estufa". Um modelo controvertido que expõe as crianças a intensa atividade extracurricular e fora da escola com o objetivo de estimular o seu desenvolvimento mental. Assemelha-se ao cultivo de plantas em estufa, sob intensos cuidados agrícolas, para estimular um crescimento mais rápido. O modelo foi comparado ao conceito de Mamãe Tigresa, extraído do livro *Battle Hymn of the Tiger Mother**, de Amy Chua, publicado em 2011. Segundo o livro, a mãe chinesa advoga princípios bem estritos de "criação em estufa", tais como forçar as filhas a praticar diariamente instrumentos musicais durante horas. O livro provocou acirrados debates sobre o estilo chinês de criação em estufa e o modelo ocidental, gerando uma discussão generalizada sobre até que ponto se deve estimular atividades programadas extracurriculares para as crianças.

O problema da criação em estufa ou no padrão dos tigres é a pressão que exerce sobre os pais para fazerem o mesmo – e o ideal impossível que estabelece. E que, provavelmente, não é aliviada pela crescente prática de testes escolares mais cedo em disciplinas como matemática, leitura e alfabetização. Esse aproveitamento escolar quantificado das crianças dá aos pais mecanismos para medir e comparar os filhos (e, por extensão, a si mesmos enquanto pais).

A profecia autorrealizada

A ironia que acontece com os pais impostores é que sua falta de confiança na própria capacidade torna-os mais propensos à desistência e faz deles um tipo mais pobre de pais do que aqueles mais confiantes em si mesmos[122]. Pais que acham que vão fracassar

---

* Canto de guerra da Mãe Tigresa [N.T.].

122. Cf. nota 101.

provavelmente vão desistir mais cedo de ensinar os filhos a utilizar o penico, ou seja, a ter cuidados básicos, ou de tentar ensinar-lhes a andar de bicicleta. Ou podem mais facilmente entregar a terceiros a tarefa de educar os filhos por acharem que a babá ou outros profissionais de educação infantil são mais "competentes". Talvez por isso uma pesquisa realizada em 2016 no Reino Unido constatou um "grande aumento" no número de crianças que estão indo para a escola em tempo integral antes mesmo de saber cuidar de sua própria higiene fundamental[123]. Nos Estados Unidos, é cada vez mais comum a entrega de tarefas paternas a terceiros, tais como ensinar os filhos a andar de bicicleta, a usar o vaso sanitário e papel higiênico, a lavar-se e ter boas maneiras ou levá-los a um terapeuta para aumentar a autoestima. Talvez isso se deva à ocupação dos pais, mas também pode ser por causa de sua insegurança ou por acharem simplesmente que não podem fazer as coisas com a mesma competência dos especialistas.

Dicas e estratégias para pais impostores

Além das dicas e estratégias sugeridas aqui, reveja as dos capítulos anteriores para melhor assistência.

1) Aceitar que não existem pais perfeitos. Essa aceitação significa reconhecer e entrar em acordo com o fato de que cometerá erros e às vezes vai fazer algo de maneira equivocada. Como exercício, pense algumas coisas em que acha ter errado com seus filhos. O que você diria a uma amiga ou amigo que "confessasse" ter feito os mesmos erros?

---

123. BULMAN, M. (2016). "Huge increase in the number of primary school children not potty trained". In: *The Independent* [Disponível em https://www.independent.co.uk/news/uk/home-news/children-potty-trained-nappies-toilet-huge-primary-school-parents-a7224976.html].

Erros que cometi	O que eu diria a um(a) amigo(a)
Não deveria ter permitido que meus filhos tivessem se acostumado a passar tanto tempo envolvidos diariamente com computador, celular e videogame depois da escola.	Todo pai e toda mãe fazem isso – afinal é difícil estar à disposição dos filhos e corresponder a suas demandas quando você está cansado(a) de um dia de trabalho e ainda tem que preparar o jantar. Mas pode começar a mudar hoje essa rotina se estiver a fim – nunca é tarde demais.

2) Não julgue sua capacidade como mãe ou pai pelas pequeninas coisas; ser uma boa mãe ou um bom pai não se limita a saber fazer bolinhos deliciosos, a se lembrar do *kit* de natação do filho ou da filha ou a conseguir a melhor fantasia para a festa infantil.

3) Da mesma forma, lembre-se de que os sucessos (ou fracassos) dos seus filhos não são um reflexo da sua capacidade de pai ou mãe. Eles são indivíduos, da mesma forma que você.

4) Bloqueie ou pare de seguir as postagens de amigos ou amigas que se gabam de ser "pais perfeitos" e resista ao impulso de gabar-se você mesmo(a) a respeito de seus próprios filhos. Pode fazer uma lista dos pais e mães cujas postagens perfeitas fazem você se sentir para baixo; cheque a frequência dessas postagens e o seu conteúdo. Se, depois de umas semanas, achar que nada acrescentam de positivo à sua vida, bloqueie-os (ou ajuste as suas configurações para não ver as postagens deles).

5) Poste fotos imperfeitas no Facebook, sem filtrá-las, por mais tentador que seja criar uma imagem perfeita.

6) Limite as pessoas cujos conselhos você busca sobre criação dos filhos – bastam a família ou amigos íntimos (ou aconselhamento médico, se necessário).

7) Não tente ser amigo ou amiga dos seus filhos – seu papel é o de pai ou mãe, como mentores. Isso significa adotar regras que podem não ser as mais populares, mas que sejam corretas para você e a sua família.

8) Confie no próprio instinto quando tiver que tomar decisões sobre seus filhos.

7
O ADOLESCENTE/ESTUDANTE IMPOSTOR
O IMPACTO DAS PRESSÕES ESCOLARES E SOCIAIS

Vejo cada vez mais jovens com Síndrome do Impostor, não apenas na minha clínica, mas também na universidade onde trabalho. E não é apenas a insegurança acadêmica que alimenta a síndrome nesse grupo, mas inseguranças a respeito de tudo, da aparência à capacidade de organização, passando pela popularidade. Este capítulo examina mais detalhadamente esse fenômeno crescente e fornece estratégias para ajudar não apenas os jovens, mas também os seus pais.

Pressões escolares

Sempre houve pressão por um bom aproveitamento escolar e é provavelmente incorreto dizer que só a geração atual de jovens sente os efeitos disso. Mas parece haver atualmente mais pressão do que nunca sobre os nossos jovens. As escolas estão submetidas a uma cultura de testes e provas, a começar pelos Exames de Avaliação Padronizados (SATs na sigla em inglês), que no Reino Unido são aplicados na 7ª e na 11ª séries*. A maioria das escolas também impõe avaliações internas, com testes pelo menos uma vez por ano, além dos exames externos que ocorrem várias vezes durante a vida escolar dos jovens. É muito julgamento sobre os jovens, muita chance para gerar estresse, medo do fracasso e, mesmo, fracasso de fato.

> ## ESTUDO DE CASO
>
> Amy apareceu na minha clínica com "ansiedade pelas provas" escolares. Aos 17 anos, parecia ter tudo o que precisava: beleza, inteligência, popularidade. Saíra-se muito bem nos exames do ano anterior, tinha uma vida social movimentada e uma aparência deslumbrante. Mas era torturada pelas dúvidas em si mesma e logo percebi que sofria de um tipo clássico da Síndrome do Impostor. Para ela, os bons resultados nos exames tinham sido apenas uma questão de "sorte" – e, também, "as provas não foram tão difíceis". Sentia-se deprimida com a pressão das expectativas – todo mundo achava que ela era inteligente pelas notas que tirou antes, mas ela temia que os exames na faculdade fossem revelar sua "verdadeira" imagem. Esses exames de nível superior eram tão mais difíceis, dizia, que a verdade sobre ela (ou seja, que não era tão inteligente assim) seria logo revelada.

---

* Correspondentes a exames para ingresso no Ensino Fundamental II e no Ensino Médio brasileiros [N.T.].

Segundo uma reportagem do jornal inglês *The Guardian* em 2017, 82% das escolas primárias do Reino Unido* relataram um aumento de questões ligadas à saúde mental das crianças na época dos Exames de Avaliação Padronizados (SATs). Além disso, casos de estresse, ansiedade e ataques de pânico aumentaram em 78% das escolas primárias nos dois anos anteriores, com 76% das escolas relatando que seus alunos temiam o fracasso nas provas[124]. A importância dos SATs revela-se nas demandas que algumas escolas faziam às crianças que ficavam doentes na época das provas; cartas foram enviadas a alguns pais insistindo que levassem os filhos para fazer os exames mesmo se estivessem doentes[125]. Lembro da própria experiência com minha filha de 11 anos, que tinha um "alto aproveitamento", mas não se sentiu bem num dia de prova. Estávamos de fato no hospital quando me ligaram da escola para saber por que ela tinha faltado; e a única preocupação deles era saber quando ela poderia fazer os exames.

Essa pressão, claro, não leva por si mesma necessariamente à Síndrome do Impostor; lembrem-se de que a SI é uma insegurança que sentem pessoas bem-sucedidas, não pessoas sem sucesso. Por definição, são as crianças e jovens de alto desempenho que correm o risco da síndrome – os estudantes de aproveitamento menos elevado podem ter uma visão mais realista de sua capacidade – e o risco é bastante exacerbado pela pressão que sofrem para manter suas notas.

---

* Até o 6º ano fundamental [N.T.].

124. WEALE, S. (2017). "More primary school children suffering from stress from Sats survey finds". In: *The Guardian* [Disponível em https://www.theguardian.com/education/2017/may/01/sats-primary-school-children-suffering-stress-exam-time].

125. BUSBY, E. (2018). "Parents told that sick children must sit all Sats exams as calls for boycott grow". In: *The Independent* [Disponível em https://www.independent.co.uk/news/education/education-news/sats-primary-school-exams-parents-ill-boycott-children-mental-health-a8333296.html].

Um outro problema com as avaliações em tão tenra idade é que criam expectativas que eventualmente podem não ser satisfeitas na maturidade. As crianças desenvolvem-se em ritmos e de formas diferentes e é perfeitamente possível que uma criança que tirava excelentes notas não consiga satisfazer uma expectativa tão alta em estágios posteriores; pode até sair-se bem ainda, mas não o suficiente para obter as mesmas notas fixadas como seu "objetivo", passando assim o restante dos anos escolares sentindo-se como um fracasso.

ESTUDO DE CASO

Zara tem 14 anos e apareceu na minha clínica com depressão. Contou que sempre tinha sido boa em tudo, mas que recentemente começara a lutar com isso. Desde o início sentia um ótimo aproveitamento na escola, o sucesso lhe vinha fácil. Era sempre a melhor em redação e matemática, excelente em esportes, ganhava prêmios etc. Todos viam-na como um sucesso, como uma pessoa fadada ao sucesso. Mas sentia-se uma fraude porque a realidade, à medida que cursava o Fundamental 2, era muito diferente. Estava indo "bem", mas não era mais o alto aproveitamento da infância. A escola era muito maior que a primária e tinha quatro vezes mais alunos em cada série, de modo que havia muito mais jovens inteligentes em disputa.

Sentia-se agora sob o peso da pressão dos amigos e da família, que a viam como um grande sucesso. Sentia-se uma farsa, achando então que até o sucesso dos seus primeiros anos escolares tinha sido alcançado de forma fraudulenta – saíra-se tão bem apenas porque havia muito menos alunos na classe e pela vantagem de ser a mais velha da turma. Quando passei a sondar mais fundo, ficou claro que Zara ainda tinha um alto aproveitamento escolar – só não era mais "a melhor dentre os melhores" como tinha sido nos primeiros anos de escola.

E não são apenas os exames que estão aumentando a pressão sobre os alunos de alto aproveitamento. A pressão para entrar numa boa escola local cria um "clima de panela de pressão", como definiu uma professora[126]. Hoje, virou lugar-comum ver crianças de apenas 8 anos com professor particular, dada a pressão exercida pelos pais para colocar os rebentos em escolas de alto gabarito. Essa moda de arranjar professor particular para os filhos pequenos é provavelmente um dos grandes fatores que contribuem para a SI; se uma criança tem que estudar pesado com professor particular apenas para passar raspando no exame de admissão a uma escola de alto nível, como irá se sentir lá dentro ao ingressar, sabendo que só está ali por ter sido intensamente treinada? Na verdade, para conseguir acompanhar a turma, é provável que continuará precisando de aulas particulares intensas. Assim, estão maduras as condições para essa criança se sentir menos capaz que os colegas ou passar a desmerecer o próprio sucesso escolar, atribuindo-o meramente ao fato de ter aulas particulares. Abre-se com isso a perspectiva de uma vida inteira tentando provar o próprio valor em termos escolares – condição básica para que se desenvolva a Síndrome do Impostor.

Tudo isso pode levar os jovens à SI, caracterizada pelo fracasso em reconhecer os sucessos que alcançam, pela busca do perfeccionismo e pelo medo de serem "descobertos". Como disse uma diretora de escola no Reino Unido, "[a]lguns adolescentes continuam a se exigir demais, nunca reconhecendo quando já fizeram o bastante"[127].

126. HEYWOOD, J. (2017). "Pressure on children to get into top schools has reached crisis point". In: *The Telegraph* [Disponível em https://www.telegraph.co.uk/education/educationopinion/11684535/Pressure-on-children-to-get-into-top-schools-has-reached-a-crisis-point.html].

127. LAMBERT, V. (2014). "Te truth behind the death of Little Miss Perfect". In: *The Telegraph* [Disponível em https://www.telegraph.co.uk/women/womens-health/11016817/The-truth-behind-the-death-of-Little-Miss-Perfect.html].

> **A MORTE DE *MISS* PERFEITINHA**
>
> A Escola Secundária Oxford para Moças, educandário de altíssimo gabarito no Reino Unido, onde um terço das alunas pode cultivar a expectativa de entrar para as universidades de Oxford ou Cambridge, declarou em 2014 que estava iniciando um processo para tentar acabar com a busca do perfeccionismo entre suas estudantes, devido à extrema pressão a que eram submetidas com isso, prejudicial à saúde. A escola criou um esquema chamado "A Morte de *Miss* Perfeitinha", que encaminha as alunas para o fracasso de modo que aprendam a não serem perfeitas. As meninas fazem testes cada vez mais difíceis até que em algum ponto seja impossível sair-se bem. Aprenderão assim o valor do "fracasso" e dos erros – absorvendo algumas lições vitais sobre como lidar com as coisas que nem sempre vão bem na escola (quando tiram notas baixas nesses testes), o que pode ser útil na vida mais tarde[128]. Isso, segundo a escola, é um antídoto contra a cultura do perfeccionismo em que muitas alunas se enrolam – e é provável que seja também um antídoto contra a Síndrome do Impostor.

Não é simplesmente o aumento da avaliação através de testes que pode ser responsável pelo avanço no número de casos da SI, mas as mudanças na forma de encarar essas provas. Afinal de contas, também tivemos exames escolares nas gerações anteriores. Mas parece que as provas não tinham a mesma importância que hoje se atribui a elas; a geração atual de pais parece empurrar mais e ser mais competitiva do que nunca (como já discutimos no capítulo anterior), o que aumenta a pressão sobre os filhos. Muitos pais falam da pressão que os próprios filhos exercem sobre *si mesmos*, como se isso nada tivesse a ver com eles, pais, mas a pressão interna geralmente tem algum catalizador externo e "a autoestima que depende dos filhos"[129] e parece ser tão disseminada hoje entre

---

128. Ibid.

129. SIMMONS, R. "Perfectionism in teens is rampant – and we are not helping". In: *The Washington Post* [Disponível em https://www.washingtonpost.com/news/

os pais pode ser parcialmente responsável por essa nova onda de impostura. Esse fenômeno refere-se à tendência dos pais atuais de basear o valor próprio nas realizações dos filhos e daí pressioná-los (direta ou indiretamente) a alcançá-las. Os pais estão muito mais envolvidos hoje na vida dos filhos do que antes, mas sobretudo no que diz respeito às atividades intelectuais e não ao lazer; é o surgimento do chamado "parente helicóptero", a mamãe ou o papai que fica sobrevoando em volta dos filhos enquanto eles fazem o dever de casa, atividades extracurriculares ou têm alguma diversão educativa. Entre 1986 e 2006 dobrou o número de crianças que diziam ser supervisionadas pelos pais em tudo o que faziam[130]. Claro, o avanço da tecnologia (especialmente telefônica) permite maior vigilância sobre os filhos. No entanto, a tentação não é de apenas monitorar a segurança deles, mas também checar se estão envolvidos nos tipos de atividades que os pais aprovariam e das quais, portanto, deriva certa autoestima.

Esse pesado investimento e monitoramento cria altas expectativas nos filhos, mas ao mesmo tempo reduz o impacto de qualquer sucesso que obtenham (que pode ser diminuído com a noção de que "mamãe me ajudou"). Em recente estudo publicado na revista científica *Psychological Bulletin*, pesquisadores examinam como as mudanças culturais dos últimos trinta anos moldaram as personalidades de 40.000 estudantes universitários dos Estados Unidos, Canadá e Grã-Bretanha. Encontraram um pico de 33% no tipo de perfeccionismo em que adolescentes mais velhos acham que têm que ser perfeitos para obter a aprovação dos outros, sejam amigos, seguidores nas redes sociais ou os pais. Esse perfeccionismo foi medido em termos do cultivo de altas expectativas sobre si mesmos,

---

parenting/wp/2018/01/25/lets-stop-telling-stressed-out-kids-theyre-putting-too-much-pressure-on-themselves-its-making-things-worse/?utm_term=.f11aab5f1a98].

130. Ibid.

da crença de que os outros tinham altas expectativas sobre eles e da projeção de altas expectativas sobre os outros[131].

O estudante de talento

A possibilidade da Síndrome do Impostor é especialmente acentuada em estudantes talentosos para os quais as altas expectativas tornaram-se a norma. Uma cantora ou bailarina de talento pode ficar perturbada, por exemplo, se acredita que não é a melhor – ser a segunda melhor não é o bastante, pois teme ser ultrapassada pelo desempenho superior da outra. Isso cria uma enorme pressão de compensação, a tal ponto que, mesmo reconquistando o cobiçado primeiro lugar, jamais vai atribuir o sucesso à própria capacidade – mas, sim, meramente ao esforço extra. O mesmo se aplica aos estudantes de talento nas matérias escolares.

Os estudantes talentosos podem fazer as seguintes declarações sobre o próprio sucesso:

- *Só ganhei o concurso de ciência porque me esforcei muito.*
- *Só consegui o papel na peça de teatro porque a estudante que concorria comigo não foi bem no teste de palco.*
- *Só me destaquei no exame de violino porque o examinador gostou de mim.*

O efeito da SI num(a) estudante de talento pode se disseminar ao ponto de:

- Ficar cada vez mais afastado(a) dos colegas ou dos professores num esforço para esconder sua "fraude"; se não chamar a atenção para si, então ninguém descobrirá a "verdade".
- Evitar elogios ou congratulações, chegando à autossabotagem de não fazer todo o dever de casa ou de não dar o melhor

[131]. Ibid.

de si nos trabalhos para não atrair elogios que a seu ver não merece ou para "provar" que na verdade não tem talento.

• Cultivar uma sensação de incômodo ante os outros colegas talentosos (por não se sentir realmente parte desse grupo), o que cria um deslocamento que aumenta ainda mais a sensação de impostura.

• Sentir uma sobrecarga externa com a opinião alheia de que tem um supertalento.

• Evitar projetos difíceis e não tentar realizar nada que possa revelar a sua fraude.

Se constatar algum desses sinais de que o estudante de talento que é o seu filho pode estar correndo o risco da Síndrome do Impostor, use este conhecimento para tentar administrar a questão antes que se torne um problema real; e veja as dicas e estratégias no final do capítulo.

Pressões e redes sociais

Pesquisa realizada em escolas indica que a maior fonte de pressão sobre os alunos hoje em dia são as redes sociais, com um maior número de diretores indicando isso (37%) em vez da pressão das provas (27%)[132]. Como disse uma diretora, "[a]s crianças sofrem muito mais pressão na sociedade de hoje do que em qualquer geração anterior. Elas fazem parte de uma geração cuja obsessão pela imagem e perfeição brotou do avanço tecnológico, das redes sociais e da cultura das celebridades"[133].

As razões pelas quais as redes sociais podem contribuir para a Síndrome do Impostor nos jovens são as mesmas que para os

---

132. Cf. nota 124.
133. Cf. nota 126.

adultos (cf. p. 62), exceto que há umas questões únicas extras para a geração mais nova. Por exemplo, a maioria dos jovens nasceu e cresceu num mundo inteiramente digital e não conhece nada diferente disso. Adultos que sofrem de baixa autoestima induzida pelas redes sociais ainda podem se lembrar da era pré-digital sem filtro, quando tudo o que víamos não era perfeito. Também é provável que tenham mais oportunidades que dependam menos das redes sociais. No entanto, para a maioria dos jovens de hoje a internet e as redes sociais são tudo. Como um articulista comentou recentemente no *Washington Post*, "as redes sociais colocaram lá em cima o limiar da perfeição a ser perseguido pelos adolescentes, introduzindo um espaço em que o ímpeto para se lançar ao sucesso... atrai os jovens como mariposas para a chama digital"[134].

Da mesma forma, os adultos podem ter tido a chance de desenvolver a autoestima num mundo não digital, o que pode ter proporcionado uma certa proteção, mas os jovens de hoje não têm esse luxo. Muitos medem o valor próprio inteiramente pela quantidade de *likes* e de seguidores que obtêm; mais, têm que navegar por um oceano de comentários e às vezes lidar com opiniões negativas potencialmente perigosas de plataformas anônimas, fenômeno que tem sido relacionado a um aumento de comportamentos destrutivos e até de suicídios[135].

Acrescente-se a isso o mundo *photoshop* do culto às celebridades, onde tudo é perfeito, e não é de admirar que os jovens de hoje simplesmente se sintam incapazes de estar à altura das expectativas. Afinal, aspiram a uma perfeição impossível – e não apenas no mundo inatingível dos famosos, mas muito mais perto de casa;

---

134. Cf. nota 129.

135. EDWARDS, J. (2013). "Users on this website have successfully driven nine teenagers to kill themselves". In: *Business Insider* [Disponível em https://www.businessinsider.com/askfm-and-teen-suicides-2013-9?IR=T].

é de crucial importância para muitos jovens criar a imagem online de uma vida perfeita e impraticável para consumo externo.

E tudo isso cria um caldo de cultura perfeito para alimentar a Síndrome do Impostor. Donna Wick, doutora em Educação e fundadora da organização Mind-to-Mind Parenting*, comentou num artigo para o website do Child Mind Institute** que, para os adolescentes, "o peso combinado da vulnerabilidade, da necessidade de aprovação e do desejo de se comparar aos colegas" leva a uma "perfeita tempestade de dúvidas em si mesmos". Além disso, adolescentes que criaram personalidades idealizadas online "podem se sentir frustrados e deprimidos com a diferença entre o que fingem ser nas redes e quem eles realmente são"[136]. Quanto maior a indulgência numa falsa personalidade perfeita, mais difícil aceitar a realidade, que está longe da perfeição.

Vida de estudante

Todas as pressões e condições discutidas até aqui neste capítulo e que podem levar à Síndrome do Impostor tornam-se ainda mais impactantes quando os jovens deixam o ambiente relativamente favorável da casa dos pais e da escola e entram para o mundo muito mais assustador da universidade. De repente há tantas maneiras novas de errar, todo um novo grupo social a impressionar, novas formas de estudo (que podem não dar certo), vida e aprendizado independentes, ter que cozinhar, cuidar de si, organizar tudo – não é de admirar que para tantos jovens a vida universitária seja uma batalha. As condições para o surgimento da SI estão maduras. Com

---

* Algo como Criação Mental [N.T.].
** Instituto Mente Infantil [N.T.].
136. JACOBSON, R. "Social media and self doubt". In: *Child Mind Institute* [Disponível em https://childmind.org/article/social-media-and-self-doubt/].

efeito, pesquisadores da Universidade Stanford cunharam recentemente a expressão "síndrome do pato" para descrever o esforço dos estudantes universitários de dar a impressão de que tudo está sob controle e correndo perfeitamente bem, enquanto no fundo estão freneticamente se debatendo para manter-se à tona[137] – perfeita descrição da SI. Um texto estudantil no jornal da Universidade de Maryland admite: "Achamos que somos fraudes, vivemos na constante preocupação de que as pessoas à nossa volta irão... descobrir que não somos bastante inteligentes, talentosos ou capazes"[138].

O jornal da Universidade de Illinois reconheceu recentemente a existência da SI no campus com um artigo intitulado "Síndrome do Impostor é uma Realidade entre os Alunos da Universidade"[139]. Também não é a única universidade a reconhecer o problema: várias instituições, incluindo algumas do Reino Unido, como as universidades de St Andrews, de Bath e de Cambridge (que num esforço para contrabalançar a possibilidade da síndrome tranquiliza os estudantes às voltas com dúvidas sobre si mesmos declarando que "a equipe de admissão não comete erros"[140]) e o Imperial College de Londres, dão aconselhamento sobre a SI em seus sites na internet. O da Universidade Harvard, dos Estados Unidos, admite que "[n]o Serviço de Atendimento ao Estudante conversamos bas-

---

137. Ibid.

138. KODAN, A. (2017). "Many UMD students feel like frauds – Blame imposter syndrome". In: *The Diamondback* [Disponível em http://www.dbknews.com/2017/11/08/impostor-syndrome-college-students-umd-minorities-race-fraud-self-image/].

139. LINTON, J. (2018). "Imposter Syndrome real amongst University students". In: *The Daily illini* [Disponível em https://dailyillini.com/opinions/2018/02/21/imposter-syndrome-real-among-university-students/].

140. GARGARO, P. (2016). "Imposter syndrome? – Here's why it doesn't matter". In: *The Cambridge Tab* [Disponível em https://thetab.com/uk/cambridge/2016/10/30/imposter-syndrome-doesnt-matter-83202].

tante sobre as 'experiências' de impostura"[141] e explica que a SI é comum entre os estudantes em parte porque a vida na universidade é uma época de transição (como já discutimos).

Como professora universitária, eu mesma vejo casos da Síndrome do Impostor no trabalho diário:

- Estudantes que desprezam qualquer possibilidade de trabalho (num bar, p. ex.) como irrelevante ou de má qualidade. Muito poucos manifestam orgulho ou confiança nesse tipo de experiência, achando que jamais será importante para coisa alguma.

- Estudantes que fazem uma apresentação ou um trabalho considerados brilhantes, mas não tiram a nota máxima, um 10. Os "impostores", muitas vezes, são os que me mandam e-mails para questionar por que tiraram 9,4 (a segunda nota máxima possível). Não ficam satisfeitos com isso e, em vez de focar no alto desempenho que tiveram, ficam presos ao fato de que não foram perfeitos e veem nisso uma evidência de que não são bons o bastante.

- De forma semelhante, o estudante impostor pode desprezar todos os comentários positivos sobre um trabalho e ficar realmente empacado num único e ligeiramente negativo.

- Alguns estudantes excelentes não se candidatam a estágios remunerados porque acham que não são bons o bastante para conseguir uma posição cobiçada.

- Outros estudantes, apesar de sempre tirar boas notas, ficam preocupados e perturbados com a possibilidade de que o próximo trabalho ou prova do curso revele sua "verdadeira face". Fazem por isso checagens constantes com os professores.

---

141. YUN, J. (2018). *Imposter Syndrome* – Harvard University website [Disponível em https://gsas.harvard.edu/news/stories/imposter-syndrome].

- Alguns estudantes têm expectativas tão altas sobre si mesmos que têm grande dificuldade de entregar os trabalhos no prazo estipulado, temendo que não estejam bons o bastante, e ficam tentando o tempo todo aperfeiçoar.

ESTUDO DE CASO

Moz era aluno do primeiro ano de Medicina e sofria de enorme ansiedade e baixa autoestima. Estava convencido de que todos os outros estudantes eram muito melhores do que ele. Ingressar numa faculdade de Medicina é mesmo bem difícil mesmo e ele sabia que só a nata da nata era aceita. Mas não se sentia de modo algum brilhante e achava que apenas tinha conseguido passar raspando pelo rigoroso processo de seleção. Os outros alunos pareciam tão mais informados e competentes. Pareciam saber mais do que ele e tinham muito mais autoconfiança. Os pais de muitos colegas também eram médicos, enquanto os de Moz tinham vindo para o Reino Unido como simples refugiados, sendo ele o primeiro da família a cursar uma universidade. Achava que aquele não era o seu ambiente, sentia-se uma fraude, deslocado – e vivia com medo de ser descoberto.

Esse medo levava-o a se esforçar mais do que os outros para que sua incapacidade não fosse desmascarada. Mas, não importa o quanto estudasse, o esforço não conseguia afastar a sensação de que haviam cometido um erro ao admiti-lo na escola – e que não demorariam a descobrir isso. Vivia com medo da vergonha que a família, tão orgulhosa do seu sucesso, iria sentir com tal revelação.

Os estudantes deviam lembrar que esses sentimentos de impostura são inteiramente normais. Com efeito, Olive Cabana, autor de *The Charisma Myth**, ao perguntar a uma turma de calouros da Escola de Administração em Stanford "quantos de vocês se sentem como o elemento que ingressou na faculdade por equívoco da comissão julgadora", dois-terços dos alunos levantaram a mão[142].

Dicas e estratégias

Ajudar os jovens a administrar uma Síndrome do Impostor em potencial é importante tarefa para os pais, educadores e a sociedade em geral. Siga as orientações abaixo e use-as para saber como interagir com os jovens a fim de minimizar as chances de um processo de impostura. Além das sugestões que aparecem aqui, reveja as dos capítulos anteriores para maior ajuda.

Cuidado para não rotular as crianças e jovens

Pais que rotulam os filhos como "inteligentes" ou "bons" podem achar que estão ajudando – afinal são rótulos positivos, que devem, portanto, estimular a autoestima, certo? Ao contrário, podem na verdade ser nocivos, especialmente se os jovens lutam para fazer juz a esses parâmetros.

Em vez disso, trate cada criança como um indivíduo e reconheça que não deve ser comparada com os irmãos (ou qualquer outra pessoa). Uma criança pode ter tendências artísticas, mas você deve também incentivar os irmãos a seguirem os interesses artísticos de cada um, sejam ou não tão talentosos. Também é importan-

---

* *O mito do carisma* [N.T.].

142. CHEN, O. (2017). "How to reap the benefits of imposter syndrome". In: *Be Yourself* [Disponível em https://byrslf.co/how-to-reap-the-benefits-of-impostors-syndrome-eb5e0080e626].

te desestimular os parentes a rotularem os seus filhos ("Ah, ela é o gênio da matemática, não é?!").

Um exercício que você pode fazer é trabalhar individualmente com cada criança para que descubra as coisas em que é boa, seus talentos e habilidades. Estimule-a a se abrir nas coisas em que acha que o irmão ou irmã são bons também ou mesmo melhores do que ela.

Não projete expectativas muito altas

De forma semelhante, tenha cuidado com as expectativas que alimenta em relação a seus filhos – e como as manifesta. Se acham que sempre vão frustrar as altas expectativas dos pais por estarem aquém delas, as crianças ficam suscetíveis à SI – com a sensação de que não são boas o suficiente. Portanto, resista à tentação de estabelecer alvos elevados demais para os seus filhos, mesmo que inconscientemente. Estimule-os a realizar seu potencial e a cultivar os próprios sonhos, mas deixe claro que você valoriza igualmente outros atributos não mensuráveis, como a bondade e a consideração.

Não elogie demais (mas também não seja muito crítico)

É um equilíbrio difícil de alcançar. Prodigalizar elogios aos filhos por qualquer feito insignificante não ajuda a construir a autoestima, apenas lhes dá a sensação de que o elogio não tem nenhum valor. Uma das jovens que vem à minha clínica diz que a mãe a elogia até por acordar e se levantar – esse tipo de coisa pode levar a criança a se sentir uma farsa, não merecedora de tanto aplauso. Pode também ser levada a obter aprovação "real" ou mais autêntica através de prêmios, certificados e graduações, mas nunca acreditando que de fato é um reconhecimento verdadeiro, porque tinha dúvidas sobre a autenticidade dos elogios recebidos em casa.

Da mesma forma, ser supercrítico pode levar as crianças a uma intensa vontade de impressionar, sem, no entanto, jamais acreditar que façam algo realmente capaz de impressionar alguém. Aí, quando crescem e são elogiadas, não se sentem merecedoras, uma vez que não foram acostumadas a esse tipo de aprovação na infância.

Confie que seus filhos são capazes de fazer as coisas

Resista à tentação de ajudar demais as crianças ou fazer tudo por elas. Têm que ganhar autoconfiança e aprender que podem fazer as coisas por si mesmas. Se a mãe e o pai sempre as ajudam e socorrem, vão acabar atribuindo todo sucesso ao pai e à mãe e não ao esforço próprio. Quando adultas, vão transferir essa atribuição a outras pessoas, de modo que sempre terão a sensação de que todo sucesso alcançado se deve aos outros e não aos seus próprios esforços.

Não os critique por cometerem erros

Assim como temos que nos permitir errar, devemos encorajar os filhos a fazer o mesmo (cf. a dica anterior). Nas escolas e na educação em geral se dá muita ênfase ao sucesso, mas não à aceitação do "insucesso". Ensine a seus filhos que não vencer também é importante, o que desenvolve a flexibilidade e resistência. Por exemplo, se a criança fez uma prova ruim ou não conseguiu passar no exame de piano, em vez de criticá-la por não ter estudado o bastante, tenha uma atitude positiva e para cima, perguntando-lhe o que aprendeu com isso.

Cuidado com as expectativas baseadas em gênero

Quer tenha filhos de gêneros diferentes ou não, cuidado com as expectativas que joga sobre eles com base no gênero sexual. Resista à tentação de guiá-los segundo interesses e perspectivas de gênero, pois isso pode levá-los a conflitos internos se acharem que não estão correspondendo aos ideais lançados sobre eles como funções de gênero. Mas também não tente compensar exagerando no sentido inverso – uma engenheira num setor predominantemente masculino pode se ressentir do peso das expectativas como representante do gênero feminino. Equilíbrio, como sempre, é o segredo.

8

RESUMO

A Síndrome do Impostor pode ser uma condição debilitante para alguns, mas há boas notícias. Não apenas seus efeitos negativos podem ser superados, como ela pode também na verdade reverter em alavanca para o seu crescimento.

Como acontece com qualquer problema psicológico, o reconhecimento é sempre o primeiro passo mais importante. Ao longo deste livro investigamos a fundo as várias causas, fatores contribuintes e moderadores da síndrome para ajudar você a identificar sua manifestação em si mesmo(a) ou nos outros. Uma vez reconhecida e tendo entendido melhor do que se trata, pode começar a usar as estratégias recomendadas para administrar a SI e melhorar a autoconfiança. Há dicas e estratégias ao final dos capítulos 3 a 7, algumas mais específicas para certos tipos e grupos, mas a maioria aplicável a qualquer pessoa afetada pela síndrome.

Utilizar essas estratégias e aprimorar o seu entendimento vai ajudar você a administrar a SI para que não seja mais um empecilho na sua vida. O objetivo, porém, não é erradicar por completo quaisquer ideias e sentimentos de impostura, mas minimizá-los.

Veja que geralmente as pessoas que se sentem impostoras têm algum tipo de sucesso na vida, de modo que se você sofre da Síndrome do Impostor são grandes as chances de que esteja se saindo muito bem naquilo que faz.

Além disso, lembre-se sempre de que não é a única pessoa a se sentir dessa maneira, pois não está só – portanto, anime-se. A Síndrome do Impostor é tão comum – mencionamos uma estatística segundo a qual até 70% das pessoas sofrem disso em algum momento da vida – que na verdade é mais "normal" pensar que você é um(a) impostor(a) do que o contrário. Em qualquer grupo de pessoas é muito provável que haja vários "impostores" – portanto, lembre-se disso se por acaso está se sentindo uma farsa, pois isso vai ajudar você a combater a sensação de isolamento.

Com efeito, a pessoa sentir-se por vezes insegura sobre o próprio desempenho pode aumentar suas chances de fazer alguma coisa bem. Pois estamos constantemente nos indagando a respeito de nossa atuação para garantir que fazemos o melhor possível. Os que não sofrem da Síndrome do Impostor podem ter uma confiança equivocada em si mesmos que os leve no final das contas a resultados mais sofríveis. Isso tem sustentação em um estudo que mostrou como um grupo de estudantes mais capacitados tendia a subestimar os colegas, ao passo que os menos capacitados superestimavam a própria situação[143].

O negócio é manter em cheque quaisquer ideias e sentimentos de impostura, mas, se aflorarem, devem ser usados como oportunidades para aprender algo sobre o que está fazendo ou sobre si próprio(a). Pode-se dizer que uma forma suave da SI é algo positivo, que estimula você a trabalhar duro e fazer o melhor. O que é necessário é um grau de aceitação e equilíbrio em relação à sín-

---

143. Ibid.

drome, em vez de tentar a total eliminação do que está sentindo. Com o reconhecimento, entendimento e aceitação das estratégias para lidar com sua condição, você pode começar a abordar suas dúvidas sobre a própria personalidade e, se continuar nesse caminho, aumentará a autoconfiança e alcançará um equilíbrio feliz. O objetivo deste livro é exatamente ajudar você a conseguir isso.

Este livro foi publicado originalmente pela editora Watkins, que surgiu em 1893, quando um estudioso de esoterismo, John Watkins, fundou uma livraria, inspirado na constante queixa da amiga e professora Madame Blavatsky de que não havia lugar algum em Londres onde adquirir livros sobre misticismo, ocultismo e metafísica. Watkins logo passaria a publicar muitos dos luminares da literatura espiritualista, entre eles Carl Jung, Rudolf Steiner, Alice Bailey e Chögyam Trungpa. A editora mantém hoje a mesma paixão do fundador, com publicações que abrangem desde as antigas tradições à medicina alternativa, passando pelas ideias mais recentes sobre desenvolvimento pessoal, bem-estar holístico e investigação da consciência.

CULTURAL

Administração
Antropologia
Biografias
Comunicação
Dinâmicas e Jogos
Ecologia e Meio Ambiente
Educação e Pedagogia
Filosofia
História
Letras e Literatura
Obras de referência
Política
Psicologia
Saúde e Nutrição
Serviço Social e Trabalho
Sociologia

CATEQUÉTICO PASTORAL

Catequese
  Geral
  Crisma
  Primeira Eucaristia

  Pastoral
  Geral
  Sacramental
  Familiar
  Social
  Ensino Religioso Escolar

TEOLÓGICO ESPIRITUAL

Biografias
Devocionários
Espiritualidade e Mística
Espiritualidade Mariana
Franciscanismo
Autoconhecimento
Liturgia
Obras de referência
Sagrada Escritura e Livros Apócrifos

Teologia
  Bíblica
  Histórica
  Prática
  Sistemática

REVISTAS

Concilium
Estudos Bíblicos
Grande Sinal
REB (Revista Eclesiástica Brasileira)

VOZES NOBILIS

Uma linha editorial especial, com importantes autores, alto valor agregado e qualidade superior.

VOZES DE BOLSO

Obras clássicas de Ciências Humanas em formato de bolso.

PRODUTOS SAZONAIS

Folhinha do Sagrado Coração de Jesus
Calendário de mesa do Sagrado Coração de Jesus
Agenda do Sagrado Coração de Jesus
Almanaque Santo Antônio
Agendinha
Diário Vozes
Meditações para o dia a dia
Encontro diário com Deus
Guia Litúrgico

CADASTRE-SE
www.vozes.com.br

EDITORA VOZES LTDA.
Rua Frei Luís, 100 – Centro – Cep 25689-900 – Petrópolis, RJ
Tel.: (24) 2233-9000 – Fax: (24) 2231-4676 – E-mail: vendas@vozes.com.br

UNIDADES NO BRASIL: Belo Horizonte, MG – Brasília, DF – Campinas, SP – Cuiabá, MT
Curitiba, PR – Fortaleza, CE – Goiânia, GO – Juiz de Fora, MG
Manaus, AM – Petrópolis, RJ – Porto Alegre, RS – Recife, PE – Rio de Janeiro, RJ
Salvador, BA – São Paulo, SP